무리 속엔
당신이 원하는
삶이 없다

KODOKUTO FUANNO LESSON by Shoji Kokami

Copyright ⓒ 2011 Shoji Kokami
All Rights Reserved.
Original Japanese edition published by DAIWASHOBO CO., LTD

Korean translation copyright ⓒ 2015 by BOOKSNUT PUBLISHING.
This Korean edition published by arrangement with DAIWASHOBO CO., LTD., Tokyo,
through HonnoKizuna, Inc., Tokyo, and Shinwon Agency Co.

와세다 대학 인생 특강 | 고독과 불안 레슨

무리 속엔
당신이 원하는
삶이 없다

고카미 쇼지 지음 · 정은영 옮김

북스넛
Booksnut

옮긴이 **정은영**

한국과 일본에서 일본어를 전공하고 전문 번역가로 활동하고 있다.
옮긴 책으로는 〈자신의 머리로 생각하라〉, 〈발상의 혁명〉, 〈참으로 마음이 행복해지는 책〉,
〈최강의 영업부를 만드는 세일즈 코칭〉, 〈왜 백설공주는 독사과를 먹었을까?〉,
〈칭찬의 룰(출간 예정)〉 등이 있으며, 저서로는 〈여행 일본어 회화〉가 있다.

무리 속엔
당신이 원하는 삶이 없다

1판 1쇄 인쇄 2015년 11월 5일
1판 1쇄 발행 2015년 11월 10일

지은이 고카미 쇼지
옮긴이 정은영
발행인 문정신
발행처 북스넛
등록 제1-3095호
주소 서울시 양천구 목동 중앙로5길 43-6 한강빌딩 1층
전화 02-325-2505
팩스 02-325-2506

ISBN 978-89-91186-89-7 03320

자신의 가치가
묻히지 않는 삶이란

지금 당신은 혼자서 이 책을 읽고 있다. 누군가와 서로 어깨를 기대고 책을 읽는 사람은 없다. 책을 읽는 당신은 지금 혼자다. 고독과 마주하는 자신을 느끼고 있는 것이다.

고독에는 '진짜 고독'과 '가짜 고독'이 있다. '진짜 고독'이란, 책을 다 읽은 후에 혼자서 '고독이란 무엇인가?' 하고 생각할 수 있는 고독이다. 이 책은 '고독의 가치와 탁월함'을 이야기하고 있다. 그 내용에 대해 '정말 그런가? 고독은 가치가 있고 탁월한 것인가?' 하고 책을 덮고 혼자 생각할 수 있는 것이 '진짜 고독'이다.

'가짜 고독'은 책을 덮으면 곧장 누군가에게 전화나 문자를 한다. 혼자라는 것, 고독한 것이 비참하게 느껴지고 외로워 견딜 수 없는 고독이다. 고독은 힘들고 비참하고 흉하고 창피하다고 믿고 있는 것이 '가짜 고독'이다.

우리는 마음속에 불안도 지니고 있다. 이 시대를 살아가며 불안하지 않은 사람은 없을 테니까. 누구나 크든 작든 불안에 시달리고 있고, 불안으로 잠 못 이루는 밤을 보내고 있다.

고독처럼 불안에도 두 가지 모습이 있다. 그것은 '긍정적인 불안'과 '부정적인 불안'이다. '긍정적인 불안'은 우리에게 살아갈 에너지를 준다. 잠 못 이루는 밤이 계속되어도 '긍정적인 불안'은 우리를 미래로 이끈다. '긍정적인 불안'이 있기에 우리는 내일도 살아가리라 다짐할 수 있다.

'부정적인 불안'은 우리의 에너지를 빼앗는다. '부정적인 불안'은 삶의 활력을 누그러뜨리고 급기야는 인생을 파괴하는 지경에까지 이르게 한다. '부정적인 불안'은 자살과 가장 가까이에 있는 불안이다.

불안으로부터 자유로울 수 있는 사람은 없다. 어떤 사람이든 불안에 사로잡혀 있다. 인간은 죽을 때까지 그렇게 불안으로 자신의 시간을 소모시킨다. 아무리 성공을 해도 성공한 그 순간 이후부터 인간은 불안에 시달린다. 올림픽에서 메달을 딴 사람이나 경쟁에서 챔피언이 된 사람, 예술적인 업적으로 상을 받은 사람이나 사회적으로 크게 출세한 사람 모두 행복한 순간 이후부터 자신의 미래에 대해 불안을 느끼기 시작한다.

"선택받은 것에 대한 황홀과 불안, 두 개의 내가 있다."

프랑스의 시인 폴 베를렌은 그렇게 말했다. 아주 행복한 순간에도 불안은 우리 마음에서 떠나지 않는데, 하물며 골치 아픈 문제를 안고 있을 때는 줄곧 마음에서 사라지지 않는 것이 불안이다. 그러니까 불안하더라도 '긍정적인 불안'이 훨씬 낫다. '긍정적인 불안'이라고 해서 즐거운 것은 아니다. 오히려 그 반대이다. 하지만 '부정적인 불안'보다는 훨씬 견딜 만한 불안이다. 왜냐하면 당신은 '긍정적인 불안'과 함께 살아감으로써 인생이 신념대로 펼쳐져가는 것을 실감할 것이기 때문이다.

평생 고독과 불안으로부터 도망칠 수 없는 것이 인생이다.

커다란 무엇인가, 즉 신흥종교의 지도자나 카리스마 있는 리더, 고집스러운 연인 혹은 엄격한 부모를 따르면 아주 짧은 순간 고독과 불안에서 해방되었다고 느껴질 수도 있다. 하지만 그것은 아주 짧은 시간이다. 어떤 위대한 종교 지도자 밑에서도 결국 신자는 고독과 불안에 시달리게 된다. 그렇기 때문에 신자는 열심히 새로운 신자를 끌어들이려 하고, 카리스마 있는 리더 밑에서 일하는 직원은 목숨 걸고 일하며, 고집스러운 연인의 의견에 필사적으로 따르고, 엄격한 부모의 말에 순종하는 것이다. 모두가 고독과 불안에 시달리기 때문에 자신의 불안과 고독을 부정하기 위해 필사적이다.

만일 종교로 정말 불안과 고독이 사라진다면 모두가 포교나 모금 활동에 그토록 매달리지는 않을 것이다. 신이나 종교 지도자를 믿는 순간 고독과 불안이 모조리 사라진다면 종교 단체는 훨씬 더 사랑을 베풀며 자애롭게 행동할 것이다.

사람들은 자신의 고독과 불안을 무마하기 위해 이처럼 '수상한 신앙'이나 '점술', '실체가 모호한 국가론', '자식에 대한 집착', '사기에 가까운 돈벌이' 혹은 '길들여진 일꾼을 좋아하는 회사'에 매달린다. 하지만 머지않아 그들이 발견하는 것은 그 무리 안에서도 결코 해소되지 않는 본질적인 영혼의 갈증이다. 무리는 일시적으로 우리를 만족스러운 삶으로 이끄는 것처럼 보일 따름이다. 고독하지 않고 불안하지 않기 위해 무리에 들어갔지만, 그 무리 속에서도 고독과 불안은 떨쳐낼 수가 없다.

무리 속에는 당신이 원하는 삶이 없다. 진정으로 당신이 희망하는 삶을 무리 안에서 찾을 수 없다면 당신은 이제 그 무리에서 한 발짝 벗어나야 한다. 당신의 본래의 모습을 회복할 수 있는, 가장 당신다운 인생의 길을 찾아보아야 한다. 그럴 때 우리는 더 자신의 가치를 실현하는 사람이 될 수 있으리라 확신한다. 그것은 무리에 휘둘리지 않고 스스로를 가장 잘 지켜내는 인생이기 때문이다.

무리 밖의
삶이
빛나는 이유

불안하지 않은 채 꽃피울 수는 없다

HEAVEN
HELL

고독과
불안을
활용하는 힘

무리 밖의 삶이
빛나는 이유

1
무리에서 멀어지면
못 견디는 사람

혼자가 되다

당신은 원하지 않지만 혼자가 되어본 경험이 있을 것이다. 대화에 끼지 못하거나, 화제가 자신의 사고 범위를 넘어 앞서가 있거나, 혼자 점심을 먹어야 하는 상황에 처하거나, 술자리에 초대받지 못하거나, 식사하러 갈 분위기에서 따돌림을 당하거나, 아무 무리에도 속하지 못하는 그런 경험은 누구에게나 있다.

그렇게 되고 싶지 않기 때문에 우리는 열심히 대화를 나눈다. 과도하게 눈치를 보며 혼자가 되지 않으려 한다. 그룹이나 동료, 친구, 파벌, 즉 무리를 만들기 위해 필사적이다.

하지만 무리에서 벗어나지 않기 위해 그렇게 애를 써도 결과적으로 혼자가 되었을 때 우리는 고독하다고 느낀다. '점심을 같이 먹을 만한 친구 하나 없는 고독한 신세'라고 자신에 대해 생각한다. 혼자가 되었을 때 '혼자 있는 것'에 대해 당신은 이런저런 고민을 한다.

'친구도 없는 인간으로 보이지 않을까?'

'내일도 혼자 점심을 먹게 될까?'

'나의 어떤 점이 잘못된 걸까?'

'이건 따돌림일까?'

'어떻게 하면 점심을 같이 먹어줄까?'

'혼자 점심을 먹다니 너무 창피하고 비참하다'

혼자 밥을 먹으면서 당신은 많은 생각을 한다. 고민한다. 그리고 불안해한다. 그때 당신의 마음속은 매우 분주한 상태가 된다. 온갖 생각들이 오가며 무척 괴로운 상태로 변화한다.

'어떻게 하면 좋을까?'

'어떻게 하면 이 비참한 상태에서 벗어날 수 있을까?'

'어떻게 하면 혼자가 아니게 될까?'

당신은 이런저런 생각을 한다. 하지만 단 한 가지 의심하지 않는 것이 있다. 그것은 '혼자면 왜 안 되는 걸까?' 하는 생각이다. '내가 뭘 잘못했을까?'라고는 생각하지만, '혼자면 왜 안 될까?'라고는 생각하지 않는다.

'왜 혼자 점심을 먹으면 비참한 걸까?'

'왜 혼자 퇴근하면 창피한 걸까?'

'왜 혼자 술을 마시면 안 되는 걸까?'

'왜 친구가 많아야 하는 걸까?'

더 대담한 의문도 있다.

'왜 여러 사람에게 문자가 오지 않으면 부끄러운 걸까?'

'왜 휴대폰이 오랜 기간 동안 울리지 않으면 이상한 걸까?'

'왜 친한 친구가 없으면 안 되는 걸까?'

이런 의문이 이어지면 당신은 가장 중요한 질문에 마침내 도달하게 된다. 가장 중요한 의문, 그것은 '내가 하고 싶은 건 무엇일까?' 하는 것이다.

'내가 뭘 하고 싶은지 묻다니……. 그러니까 혼자서 점심을 먹기 싫다니까. 누군가와 즐겁게 이야기를 나누며 점심을 먹고 싶다니까.'

당신은 그렇게 말할지도 모르겠다. 하지만 정말 그럴까? 당신은 '혼자면 왜 안 될까?'라는 생각은 하지 않고 '혼자는 무조건 부정적인 것, 창피한 것, 모양새가 좋지 않은 것'이라고 생각해왔을 것이다. 줄곧 그렇게 생각해온 사람은, 혼자라도 상관없다는 생각은 도저히 하지 못한 채 점심을 함께 먹을 상대만 늘 찾아왔을 것이다.

하루라도 자신이 혼자가 되지 않도록 누군가를 열심히 찾아왔다. 무리에서 배제되지 않기 위해 매일 인간관계에 시달려왔다. 일단 재미도 없는 상대방의 이야기에 맞장구를 치고, 영혼 없이 웃고, 하기 싫은 대화를 하며 혼자가 되는 것을 피해왔을 것이다.

그것은 물론 '고독은 비참하다'고 생각했기 때문이다. 그리고 안타깝게도 혼자가 되면 '대체 무엇을 잘못했는지' 생각한다. '왜 이렇게 됐을까? 혼자는 너무 비참하고 쓸쓸해.'

혼자인 것과
혼자는 비참하다고 생각하는 것

학교나 직장에서 친구가 없어 혼자 점심을 먹게 되면 누구든 외롭다고 느끼게 된다. 매일 혼자가 되어 아무하고도 대화를 나누지 못한 채 하루가 끝나게 되면 정말 비참하다고 당신은 말할 것이다.

전화가 걸려오지 않는 핸드폰을 들고 있는 일이란 견딜 수 없다. 일주일 동안 아무에게서도 문자가 오지 않는 인생이라니 상상할 수 없다. 여기에서 한 가지 묻고 싶다.

'혼자'가 비참한 게 아니라 '혼자는 비참하다는 생각'때문에 시달리는 건 아닐까?

이것에 대한 이해를 위해 잠시 눈을 주변으로 돌려보기 바란다. 당신 주변에 당신보다 더 혼자 있기를 싫어하는 사람은 혹시 없는가? 그리고 그런 사람은 그저 혼자 있기를 너무 싫어해서 더욱 주위로부터 성가신 존재가 되어 있지는 않는가?

그 사람은 혼자 있기를 지나치게 싫어해서 늘 혼자가 될까봐 겁내고 있고, 그래서 어찌됐든 무리 속에 있으려고 할 것이다. 그리고 그 정도가 너무 심해서 주위로부터 성가신 존재로 취급을 받을 수도 있다.

'성가시다'라는 표현에는 인간관계를 요구하는 상대에 대한 혐오감이 배어 있다. 그것은 교사나 상사처럼 입장이 우위에 있는 사람뿐 아니라, 누구보다 혼자라는 것에 지나치게 두려움을 느껴 거북한 관계를 요구해오는 상대에게도 사용하는 표현이다. 다들 혼자가 되기 싫어 인간관계로 고민하고 있는 것이다.

거리의 점술가는 "인간관계로 고민하고 있군요." 하고 말을 꺼내면 거의 틀림없다고 말한다. 그게 아니면 돈이나 건강 문제라고 한다. 이 세상에 인간관계 때문에 고민하지 않는 사람은 없다는 말이다.

그 원인의 대부분이 '혼자는 비참하다'는 생각 때문이라면 놀라운 일일까? '혼자는 비참하니까 일단 친구를 만든다. 하지만 친구가 되고 싶어서라기보다 혼자는 싫으니까 친구가 된다.'

그런 동기로 시작되는 인간관계는 문제가 생기기 마련이다.

'혼자가 되기 싫어서 따분한 대화를 참는다. 혼자가 되기 싫어서 무리를 만든다. 혼자는 비참하다는 생각 때문에 항상 누군가와 함께 있으려 한다.'

그런 인간관계가 나와 당신에게 가져다주는 것은 고통뿐이다.

'혼자면 왜 안 될까?'라고 묻는다면 나는 단호히 '아무 문제없다'고 대답하겠다.

"혼자라도 아무 문제없습니다. 당신은 '혼자'라는 사실 때문에 고민하는 것이 아니라 '혼자는 비참하다는 생각'에 시달리고 있는 것이니까요."

'혼자라는 것'은 사실은 고민거리도 못 된다. '진짜 고독'을 체험한 사람이라면 알겠지만, 혼자 잘 있을 수 있다면 그 시간은 아주 풍요로운 시간이다. '혼자는 비참하지 않다'고 생각할 수 있다면 혼자 있는 시간은 놀랄 만큼 풍요로운 시간이 된다. 다양한 발견을 경험하는 시간이 되는 것이다.

하지만 '혼자는 비참하다'고 생각하고 있으면 당신은 계속 고통스러울 것이다. 비참하기 때문에 창피하고 모양새가 좋지 않다고 생각하여 자신을 나무란다. 그리고 주위로부터 조롱당하는 기분이 들어 견딜 수 없게 된다.

하지만 '혼자인 것'과 '혼자는 비참하다고 생각하는 것'은 완전히 다르다. '혼자는 비참하다'고 고통스러워하고 고민을 하고 마음이 분주한 상태는 사실은 '가짜 고독'이다. 하루 종일 아무하고도 대화하지 못한 채 집에 돌아왔는데 휴대폰조차 울리지 않아 '혼자는 슬프다'고 생각하는 상태는 고독하지만 항상 무리를 찾고 있는 '가짜 고독'이다.

* '혼자는 슬프다'고 무리를 찾는 것은 '가짜 고독'이다.
* '진짜 고독'은 '자신이 진정으로 하고 싶은 것'으로 이끌어준다.
* '혼자'가 고통스러운 것이 아니라, '혼자는 비참하다'는 생각이 고통스럽다.

2
그때까지 내가
무엇을 원하는지 몰랐다

'진짜 고독'이 가져다준 것

그럼 '진짜 고독'이란 무엇일까? 진정한 의미에서 혼자 있다는 것은 대화할 상대가 자신밖에 없다는 뜻이다. 문자나 채팅에 열중해 있을 때는 방에 혼자 있어도 그것은 '진짜 고독'이 아니다. 그것은 자신의 고독을 달래기 위해 타인과 무리를 짓고 있는 것이다. '진짜 고독'이란 자신의 내면과 대화를 나누는 일이다.

나는 10대 때 혼자 여행을 다니곤 했다. 20대 중반까지는 일본 국내를 혼자 여행했다. 그리곤 급기야 미국과 유럽으로까지 가게 되었다.

혼자 하는 여행은 외롭다. 혼자 여행해본 경험이 있는 사람은 알겠지만 처음에는 설레던 여행도 일주일 쯤 지나면 점점 더 강하게 외로움을 느끼게 된다. 누구라도 붙잡고 얘기를 하고 싶어지는 것이다. 점점 혼잣말이 늘기 시작한 것도 여행이 일주일 쯤 지났을 무렵이었다.

일본이라면 밤에 TV를 보며 고독을 달래보는 방법도 있다. 하지만 모처럼 여행을 가서 집에서 보던 것과 똑같은 TV 프로그램을 혼자 보고 있는 것도 시시하다는 생각이 든다. 해외의 경우는 그런 느낌이 더 분명해진다. 잘 모르는 현지 언어로 방송되는 TV를 보아도 좀처럼 고독을 달랠 수는 없다.

나의 첫 충격은 며칠간의 일정으로 오키나와의 남쪽 끝에 자리한 어느 섬에 갔을 때의 일이었다. 그곳은 일본 국내였지만 저렴한 민박인 탓에 방에 TV가 없었다. 작은 섬이었기 때문에 가볼 만한 관광명소에는 모두 가보았고, 자전거를 빌려 해볼 만한 일은 다 했다. 마침내 남은 일정을 그저 느긋하게 빈둥거릴 수밖에 없는 상태가 되었다.

하릴없이 바다를 멍하니 바라보던 중 갑자기 나는 '지금 내가 하고 있는 일이 싫다'는 생각이 들었다. 그것은 정말 갑작스런 생각이었다. 어떻게 그 일을 해나갈지 막연히 생각하고 있던 참에 문득 '나는 애당초 그 일이 내키지 않았다'는 것을 알게 된 것이다. 그것은 전혀 의식해온 생각이 아니었다. 무의식으로부터 '싫다'는 생각이, 마치 잠수함이 수면 위로 솟아오르듯 떠올랐다.

나는 스스로 자신의 생각에 놀랐다. 이어서 '나는 사실 그 녀석이 정말 싫다'는 생각도 떠올랐다. 역시 스스로 자신의 발견에 놀라면서 말이다.

푸른 바다와 흰 구름을 무심코 바라보며, 가지고 온 책을 휙휙 넘기며 아무 생각 없이 하루하루를 보내던 중 갑자기 '나는 사실은 어떤 일을 하고 싶고, 누구를 싫어하는지'를 알게 된 것이다.

그것은 충격적인 체험이었다. 섬에서의 처음 며칠 동안은 진정한 의미의 느긋함을 누리지 못했다. 관광지를 돌아보면서도 회사에서 하던 업무가 머릿속을 떠나지 않았기 때문이었다.

그러나 진정으로 마음과 몸이 이완되자 의식의 밑바닥에서 떠오른 것은 '나에게 일이란 무엇인가?' 하는 근본적인 물음이었다. 섬에 온지 8일째 되는 날의 일이었다.

나 자신과 마주하다

누군가와 함께 혹은 무리를 지어 그곳에 왔다면 그런 발견은 없었을 것이라는 확신이 들었다. 연인이나 친구들과 함께 그곳을 찾았다면 서로 나눌 얘기도 많아지고 상대방과의 대화에 신경을 쓰느라 다른 생각은 못 했을 것이다.

스스로 나 자신의 생각에 놀랐지만, 역시 무의식은 그것을 붙잡고 있었던 듯하다. TV나 친구나 연인이라는 다른 자극이 없었기 때문에 무의식은 자연스럽게 나 자신에 대해서만 생각하고 있었던 듯했다. 혼자였기 때문에 나는 나 자신의 내면과 평소에는 나누지 못했던 깊은 대화도 가능했다. 이른바 나는 '진짜 고독'을 체험하고 있었던 것이나.

운이 좋았던 것은 그 섬에서의 고독은 비참한 고독이 아니었다는 사실이다. 섬에 혼자 온다는 것은 그리 드문 일은 아니다. 일본에서 혼자 온천이 있는 여관에 머물면 자살하려는 사람으로 간혹 오해를 받기도 한다. 그러나 섬으로 혼자 여행을 오는 것은 여성이라도 그리 드문 일이 아니다. 그리고 결과적으로 '혼자는 비참하다'고 생각하지 않았기 때문에 '가짜 고독'에 휘둘리지 않았던 셈이다.

커플로 넘쳐나는 리조트의 레스토랑 같은 곳에서 식사를 한다면 다른 의미에서 '혼자는 비참하다'고 생각할 수도 있으나, 오키나와의 작은 섬이라면 군데군데 비싸지 않은 식당도 만날 수 있다. 현지인들도 이용할 만한 장소에서는 남의 눈을 의식할 필요도 없다.

섬에 있는 식당에 들어가 연신 땀을 닦으며 싸고 맛있는 오키나와 요리를 만끽하는 것은 그야말로 휴식이 되는 체험이었다. 그곳은 혼자 밥을 먹거나 혼자 술을 마셔도 '혼자라서 창피하다'든지 '혼자라서 모양새가 좋지 않다'는 생각은 떠올릴 수 없는 곳이었다. 그렇기 때문에 더욱 '나 자신'과 직접 마주할 수 있었던 듯하다.

* '진짜 고독'이란 자신의 내면과 깊은 대화를 나누는 일이다.
* 완전히 혼자가 되면 '진정으로 자신이 하고 싶은 것'이 보이기 시작한다.

3
지루할 수 있는 곳을
찾아가라

마음의 공복을 채운다는 것

당신이 현재 있는 곳에서 '혼자여도 상관없다고 생각할 수 있는 용기'를 갖는 것이 사실은 가장 효율적인 사고방식이다. 그러면 나처럼 오키나와에서도 한참 더 들어간 작은 섬까지 굳이 찾아가지 않아도 '진짜 고독'을 체험할 수 있다. 한 번 진짜 고독을 체험해보면 내가 말하는 의미, 즉 혼자라는 사실 때문에 괴로운 것이 아니라 혼자는 비참하다는 생각 때문에 괴롭다는 것을 쉽게 알 수 있다. 그리고 진짜 고독이 지닌 가치의 발견에 놀랄 것이다.

일상에서 진짜 고독을 체험하는 것은 쉽지가 않다. 진짜 고독을 알려면 먼저 창피하게 생각되지 않는 고독을 체험해보아야 한다.

창피하지 않은 고독이란 혼자 있는 것을 당연하게 여기는 고독이다. 그러기 위해서는 혼자 하는 여행이 가장 적당하다.

적어도 일주일 이상 혼자 하는 여행. 가능하면 아무 구경거리도 없는 곳일수록 좋은 여행이다. 여행지에 많은 즐길 거리가 있으면 자신과 대화할 여유가 없어진다. 라스베이거스 같은 곳에 혼자 간다면 아마도 무척이나 바빠질 것이다. 그리고 인공적인 것이 많은 관광지가 아니라 자연 그대로의 장소가 좋다. 자연과 나의 몸이 서로 교감할 때 경직된 몸은 차분히 풀어지면서 생명력을 회복하기 시작한다. 자신과 깊은 대화를 나누기 위해서는 먼저 그렇게 충분한 이완이 필요하다.

혼자 하는 여행이라고 해서 해외 스키 투어를 신청해 떠난다거나 좋아하는 추리소설을 한 보따리 가지고 가는 것은 행복한 시간은 되겠지만 자신과 대화할 시간은 사라진다. 자신이 진짜 하고 싶은 것은 무엇인지, 무슨 생각을 하고 있는 것인지 알기 위해서는 확실하게 일정한 시간, 아무것도 하지 않고 심심하게 고독해질 필요가 있다.

요즘은 해외에서도 휴대폰을 그대로 사용할 수 있다. 해외로 혼자 여행을 가서도 누군가와 쉼없이 문자를 주고받는 사람들이 있다. 휴대용 컴퓨터로 국내에서와 똑같은 환경에서 인터넷에 글을 올리는 사람도 많다. 그러나 그렇게 끊임없이 문자를 주고받거나 글을 올리는 것은 '혼자는 싫다', '절대로 혼자가 되지 않겠다', '혼자는 외롭다'는 기분을 떨쳐내려는 부단한 시도일 따름이다. 내가 섬에서 겪었던 체험은 아직 휴대폰이 보급되기 전이었다. 그것은 지금 생각해보면 상당한 행운이었다.

외롭다는 이유로 문자를 보내고 싶은 유혹을 끊어보라. 이런 예를 들면 이해하기 쉬울지 모르겠다. 조금이라도 배가 고파질 것 같으면 금방 뭔가를 먹는 사람이 있다. 그런 사람은 한 번도 제대로 된 공복을 경험한 일이 없다. 늘 정해진 시간에 식사를 하는 사람도 비슷한 상황이다. 그런 사람은 진짜 공복을 경험하지 못했기 때문에 자신이 진짜 먹고 싶은 것이 무엇인지 사실은 잘 모른다. 정말 먹고 싶은 것이 무엇인지 알기 위해서는 일정 시간 동안 완전히 뱃속을 비워볼 필요가 있다.

수시로 문자를 주고받으며 대화를 이어가는 것은 빠트리지 않고 식사를 하는 것과 마찬가지다. 그때마다 자신은 공복을 느낄 새도 없이 포만감을 느끼며 만족하지만, 그것은 의미 없이 문자를 주고받으며 고독에서 오는 빈자리를 채우는 일이다. 그것은 상대방의 문자에 반응했을 뿐, 자신의 내면과 대화를 나누고 스스로의 생각에 도달한 것이 아니다.

공복이 되기 전에 습관적으로 음식과 마주하고 그것을 먹으면서 자신이 간절히 먹고 싶은 것이 무엇인지 인식하기란 불가능하다.

오직 음식에 대한 감상을 조건반사처럼 이야기하는 것이 가능할 뿐이다. 문자를 주고받는 것은 그렇게 마음의 공복을 아무 의미도 없이 메워버리는 작업이다.

몸이 잘못 기억한 것들

왜 일주일 이상을 여행하는 것이 좋은지 나의 체험으로 이야기해보겠다. 2박 3일 정도의 짧은 해외여행에 나섰지만 왠지 여행을 하고 있다는 실감이 나지 않고 귀국하는 날이 되어서야 겨우 몸이 적응한 것 같은 느낌을 받을 때가 있다. 그것은 우리의 몸이 짧은 여행 일정을 따라가지 못했기 때문에 벌어지는 현상이다.

머리는 순간적으로 여행 일정을 이해한다. 하지만 몸이 이해하는 데는 다소 시간이 필요하다. 몸은 쉽게 바뀌지 않는다. 몸이 바뀌지 않으니까 여행을 실감하며 즐기지 못하는 것은 당연하다.

국내 여행도 마찬가지여서 1박 2일 같은 일정이라면 도저히 여행을 실감하지 못한 채 집으로 돌아올 수밖에 없다. 관광지를 머리로는 이해해도 몸으로는 느끼지 못한 여행인 것이다.

특히 그것은 줄곧 바쁘게 일해온 직후에 떠나는 여행에서 자주 경험하는 일이다. 몸이 아직 업무 모드로 긴장하고 있기 때문에 여행을 즐기지 못하는 것이다. 머리로는 열심히 일했으니까 쉬자고 생각하고 있는데 몸은 다음에 해야 할 일은 뭐냐며 긴장하고 있다.

짧지 않은 일정으로 한동안 어느 지역에 머물러보면 낯설게 느껴지던 그곳이 갑자기 몸으로 실감되는 순간이 찾아온다. 매일 숲속을 걷다가 그때까지는 뭔가 거리가 느껴졌지만 불현듯 몸으로 숲을 호흡하고 있다고 느껴지는 순간도 찾아온다. 그것은 여행의 과정에서 드디어 몸의 깊은 부분이 그것을 받아들인 순간이다.

몸이 사태를 이해하는 데는 머리에 비해 몇 배나 시간이 더 걸린다. 우리가 그것을 의식하기는 쉽지 않지만 이것은 틀림없는 사실이다.

새로운 직장이나 학교에서 머리로는 이해하는데 몸이 좀처럼 적응하지 못하는 것은 흔한 일이다. 새로운 기기의 조작법을 머리로는 이해했지만 실수를 반복하는 것은 아직 몸으로 그것을 받아들이지 못했기 때문이다. 역시 몸이 이해하려면 적어도 일주일 정도는 시간이 필요하다.

우리들은 살아가면서 끊임없이 새로운 환경이나 인간관계, 기기, 시험에 노출되어 몸의 깊은 곳까지 긴장을 해야 하는 상황에 놓이곤 한다. 그렇기 때문에 몸은 이완이 필요하며, 이완이 없으면 자신과의 대화도 시작되기가 어렵다. 이완되지 않은 몸은 결국 마음에까지 영향을 미쳐, 혼자는 창피하고 비참하다고 느끼며 여행지에서도 무의식적으로 누군가를 찾게 만든다. 우리는 그 몸의 잘못된 기억을 소멸시켜 주어야 한다.

일주일 이상의 휴가는 도저히 엄두가 안 난다는 사람도 있을 것이다. 그렇다면 하루라도 좋으니 강제적으로 혼자가 되어보라. 일주일이라더니 무슨 말이냐고? 가장 이상적인 패턴이 아니라고 해서 포기해서는 안 된다는 의미에서 하는 말이다. 100점만을 목표로 하는 것이 아니라 때로는 67점을 인정해야 하는 것이 인생이다. 이것은 '긍정적인 불안'에 필요한 것인데 (뒤에서 자세히 설명하겠지만) 하루 동안 일부러 고독해지는 것만으로도 '진짜 고독'을 경험할 수 있다. 무리를 해서라도 회사나 학교를 쉬고 바다로 가는 것도 좋다. 중요한 것은 그저 무심하게 해변에서 지내는 행동 그 자체이다.

가발을 벗기로 결정하다

지인 중에 일주일 동안 혼자 섬에 다녀온 뒤 가발을 벗기로 결정한 남자가 있다. 그는 평소에 도쿄의 직장에서 가발을 쓰고 일했는데, 어느 날 혼자 섬에 가서 우두커니 지내던 중에 뭔가 자신이 바보스럽다는 생각이 떠올랐다고 한다. 그것은 어떤 결심이라기보다는 그저 바보스럽다는 생각이 들어서 도쿄로 돌아와서는 가발을 쓰지 않고 회사에 출근했다.

그가 사무실 문을 연 순간, 주위에는 돌연 긴장의 분위기가 감돌았다. 부장이라는 직위를 갖고 있던 그가 자기 책상에 그대로 앉자 한 부하직원이 물끄러미 바라보더니 아무 일도 없었던 것처럼 "부장님 이 일에 대해 말씀인데요." 하고 업무에 대해 이야기했다.

'왜 아무 말도 해주지 않는 걸까? 한 마디 해주면 이쪽도 '맞아, 전부터 알고 있었어?'라고 가볍게 물어볼 수 있는데.' 하고 그는 고민했다.

사무실 전체가 어색한 분위기 속에서 오후가 되었을 때 거래처 사람이 찾아와 그의 머리를 본 순간 "부장님, 어떻게 된 겁니까?! 커밍아웃이에요?" 하고 소리치는 바람에 어색했던 사무실 분위기가 단번에 화기애애하게 바뀌었다.

"그래 맞아. 그 한 마디를 듣고 싶었어."

솔직하고 직설적인 거래처 사람의 고마운 한마디였던 것이다.

그는 섬에서 혼자 지내며 비로소 자신에게 정작 중요한 것이 무엇인지 발견했는지도 모른다. 그때까지는 자신의 머리가 가발이라는 것을 남들이 알아챌지 어떨지에 대한 염려만 해왔던 것이다.

그에게 중요한 것은 자신의 벗어진 이마를 감추는 가발도, 또 그것을 반드시 비밀로 지켜내야 하는 자기관리도 아니었다. 머리가 가발이라는 사실을 말하지 못할 때 오히려 더 고독하고 창피한 느낌을 지니고 있었을 테니 말이다. 시원하게 자신의 본래 모습을 드러낸 순간, 그에게는 산뜻한 마음의 문이 열렸을 것이다. 그것은 자신에 대한 믿음이 더 커지는 순간이기도 했을 것이다.

* 혼자여도 창피하지 않은 상황에 자신을 놓아본다.
* 몸을 이완시키면 자신과의 대화가 시작된다.

4
당신에게
어울리는 사람

편견을 끊은 선물

'혼자도 상관없다고 생각할 수 있는 용기'를 갖게 되면 좋은 이유는 무엇보다 그것이 홀가분하기 때문이다. 무리지어 있을 때는 생각하지도 못했던 몸과 마음의 가벼움을 느낄 수 있다. '혼자는 비참하다'는 생각은 매일 세 끼를 먹지 않으면 죽는다고 생각하는 것과 거의 동일한 편견이다.

나는 20년 이상 피우던 담배를 끊었다. 몇 번인가 금연에 실패했지만 최종적으로는 '금연 치료법'이라는 책으로 순식간에 금연에 성공했다. 그것은 정말 단순한 내용의 책이었다.

"니코틴이 떨어지면 모두 짜증을 내기 시작한다. 한밤중 담배가 떨어지면 다들 어찌할 바를 모르게 된다. 그것은 니코틴의 금단 증상이 강하기 때문이라고 알려져 있다. 하지만 자다가 니코틴이 떨어졌다고 잠에서 깨는 사람은 없다. 그런데 코카인이나 LSD(마약류)는 금단 증상으로 잠을 자다가도 잠에서 깨어난다. 다시 말해 니코틴의 금단 증상은 사실은 매우 미약한 것이다. 니코틴이 떨어져도 잠에서 깨어나지는 않기 때문이다. 그럼 왜 밤중에 담배가 떨어지면 절망적인 기분이 되는 걸까? 그것은 니코틴의 금단 증상은 강한 것이라는 편견이 있었기 때문이다. 어디까지나 편견이니까 편견을 버리면 그만이다."

정말 어이없을 정도로 간단한 치료법이었다. 이 내용을 읽자 나는 쉽게 그 편견을 떨쳐버릴 수 있었고 보기 좋게 금연에 성공했다.

'혼자는 비참하다'는 편견을 떨쳐버리면 우리는 고독의 공포로부터 해방된다. '혼자 있어도 괜찮다'고 생각만 하는 것으로도 우리는 '가짜 고독'의 시달림으로부터 해방될 수 있다. 그것은 성가신 인간관계로부터의 해방을 의미한다.

집단 따돌림의 전형 중 하나가 '학급의 모든 친구들로부터 무시당하는 일'이다. 그런 일에 공포를 느끼는 중고생에게 '무시당하면 어떠냐'고, '억지로 무리에 들어갈 필요 없다'고 말하는 것은 지나치게 가혹한지도 모른다. 그러나 집단 따돌림이 폭력적인 행위를 수반하지 않는 한, '무시당해도 아무렇지 않다'고 생각할 수만 있다면 무리하게 친구인 척하며 억지로 무리 안에 끼어들어가려는 노력보다 혼자인 채로 있는 것이 더 유익한 시간을 보낼 수 있다. 이웃의 불편한 모임에 들어가는 것도, 직장의 그저 그런 모임에 소속되는 것도, 헌금 압박에 시달리며 종교 예배에 참석하는 것도 내키지 않으면 안 하는 쪽이 오히려 당신의 가치를 유지시켜준다. 주의할 것은 직장이나 학교에서 혼자일지라도 문자나 채팅으로 마음을 달래고 있다면 그것은 여전히 '가짜 고독'이라는 점이다. 직장의 인간관계에서 도망쳐 누군가 다른 사람을 절실히 원한다면 그것도 여전히 '가짜 고독'이다. 그것은 어떤 무리로부터 다른 무리로 옮겼을 뿐이다. 중요한 것은 어떤 상황에서도 '혼자인 상태'를 진심으로 받아들이는 일이다. 현재의 무리가 아닌 다른 무리에서도 혼자가 되는 것을 겁내지 않는다는 뜻이다. 그럼으로써 지금까지 경험하지 못한 상쾌하고 편안하고 자유로운 기분을 맛볼 수 있다. 그것은 '혼자여도 상관없다'고 결심한 당신이 자신에게 주는 선물이다.

생각하고 이해하려면

'그럼 평생 계속 혼자인 것인가?' 하고 걱정이 될지도 모르겠다. 일단 당신은 혼자가 될 것이다. 억지로 나가던 모임도 참가하지 않고, 내키지 않던 대화에도 끼지 않게 된다.

혼자가 되면 당신은 '진짜 고독'과 마주할 것이다. 혼자는 비참하다고 생각하지 않고, 누군가로 마음을 달래지 않는 그 고독 말이다. 그러면 당신은 자신과의 대화를 시작한다. 달리 생각하는 것이 없기 때문이라고도 할 수 있다.

진짜 고독할 때 인간의 관심의 방향은 자연스럽게 자연과 자신에게로 향하기 시작한다. 무리할 필요도 없다. 결심도 의지도 작용하지 않는다. 흐름에 스스로를 맡기는 상태라고 할까?

'내가 하고 싶은 것은 무엇인가?'

'나는 그들을 어떻게 생각하는가?'

'나의 진심은 무엇인가?'

길을 걷고 음식을 먹고 하늘과 흰 구름을 보면서 생각은 흐를 것이다. 당신은 자신의 깊은 내면의 소리를 솔직하게 들을 것이다.

사람은 혼자 있을 때 성장한다. 누군가에게 멋진 이야기를 들어도, 책에서 의미 있는 글귀를 읽어도, 혼자 그것을 받아들일 시간을 갖지 않으면 자기 것이 되지 않는다.

당신도 경험했을지 모른다. 남에게 들은 내용을 다시 누군가에게 전달하려다가 자신이 전혀 이해하고 있지 못했음을 깨달은 순간이나, 책에서 읽은 내용을 그대로 말하려다가 제대로 기억하고 있지 못함을 깨달은 순간 말이다. 이유는 당신이 그것을 받아들이고 이해할 시간을 갖지 않았기 때문이다.

바꿔 말하면 혼자 생각하고 이해할 시간을 갖지 않으면 어떤 훌륭한 이야기를 들어도, 아무리 유용한 책을 읽어도 그 생각과 아이디어는 당신의 것이 아니라는 말이다. 어딘가 어색하기 때문에 남들 역시 그것이 당신의 진짜 지식이 아니라는 것을 알아챈다. 그러면 아무리 멋진 이야기를 알고 있어도 당신은 성장하지 못한다.

어떤 사람을 만나게 될까

인간은 자신이 보고 싶은 것만 본다.

나는 처음으로 오토바이 면허를 따서 오토바이를 탔던 날의 놀라움을 잊지 못한다. 내가 사는 아파트로 배달되어온 오토바이의 핸들을 잡은 순간, 나는 우리 아파트 주변에 도로 표지판이 그토록 많다는 사실을 알고 깜짝 놀랐다. 그동안 늘 걷던 길은 일방통행의 출구로서 오토바이가 들어갈 수 없는 길이었다. 그 앞쪽 길은 오토바이가 진입할 수 있는 시간이 정해져 있었다. 제한속도도 오토바이를 타고서야 처음으로 눈에 들어왔다. 지금까지 몇 년이나 그 길을 지나다녔고 도로 표지도 분명히 보았을 터인데 전혀 내 의식에 들어오지 않았던 것이다. 그때까지 도로 표지는 그곳에 있어도 나의 의식 속에는 없었던 것이다. 볼 필요가 없었기 때문이다.

관계도 마찬가지다. 당신은 지금 당신에게 필요한 사람만을 보고 있을 뿐이다. 어딘가에는 반드시 당신이 만나길 잘했다고 생각할 만한 사람이 존재한다. 그것을 새로운 네트워크라 말하는 사람도 있다. 당신이 '진짜 고독'으로 성장하면 그런 사람을 만날 확률은 높아진다. 애써 웃을 필요도, 시시한 이야기에 맞장구를 칠 필요도, 남의 험담에 동조할 필요도 없는 그런 상대이다. 그 역시 당신처럼 진짜 고독을 맛본 사람일수도 있다. 그런 사람일수록 내면도 당신만큼 성장해 있을 가능성이 크다.

자신이 성장함에 따라 지금까지 없었던 관계가 자연스레 형성되는 일은 인간관계 외에서도 흔히 볼 수 있다. 당신이 어떤 음악가를 좋아하게 되면 자연스럽게 같은 음악가를 좋아하는 사람들과 만나게 된다. 어떤 스포츠나 악기를 잘하게 되면 머지않아 그 스포츠나 악기를 잘하는 사람과 만나게 된다.

당신은 당신의 수준에 어울리는 사람을 만나게 된다. 당신이 아마추어라면 만나는 사람도 당신 같은 아마추어가 될 것이다. 당신이 프로 수준이 되면 만나는 사람 역시 프로가 될 확률이 높아진다. 실력이 프로인데 아마추어 수준의 사람들만 만나게 되는 일은 절대로 없다. 이것은 틀림없는 법칙이다.

그러니 당신이 '가짜 고독'에 시달리고 있으면 역시 '가짜 고독'에 시달리는 사람을 만나게 된다는 뜻이기도 하다. 당신이 '진짜 고독'으로 살고 있다면 만나는 사람 역시 '진짜 고독'으로 살고 있는 사람인 것이다.

* 사람은 혼자 있을 때 성장한다.
* 누구나 자신의 수준에 어울리는 사람을 만나게 된다.

5
우수한 사람이
자신감을 잃는다

뼛속까지 유능한 사람

당신이 유능한 세일즈맨이라면 당신은 정작 자신과의 대화는 서툴지도 모른다. 유능한 세일즈맨이란 '남의 요구에 민감한 사람'이다. 끊임없이 '이 사람은 무엇을 원하고 있는가?', '무슨 말을 하고 싶은 것일까?' 하는 것을 생각하는 세일즈맨이 가장 유능한 세일즈맨이다. 상대방의 요구에 즉시 상품을 준비하거나 상대방이 납득할 만한 세일즈 토크를 할 수 있는 세일즈맨이다.

하지만 항상 상대방의 요구만을 생각하다보니 정작 자신은 진짜 하고 싶은 것은 무엇인지 모르게 된다. 계속 유능한 세일즈맨이기 위해서는 자신의 요구는 방해가 되는 것이다.

상대방이 어떤 상품을 원했을 때 '아, 고객님, 이거 별로 안 좋습니다. 저는 이 상품 싫어해요.'라는 식으로 말해서는 절대로 유능한 세일즈맨이 될 수 없다.

그렇게 유능한 세일즈맨은 언제나 자신이 아니라 상대방이 원하는 것, 상대방이 하고 싶은 말에 대해 생각한다. 그리고 상대방의 욕구를 채워주는 것으로 만족하게 된다. 일반적으로 그렇게 함으로써 인정받고 칭찬받고 출세하는 것이다.

당신이 성실한 자녀라면 부모님이 무슨 생각을 하는지에 민감해지는 것도 같은 이치다. 부모님을 불행하게 하고 싶지 않다, 부모님의 기분을 상하게 하고 싶지 않다, 부모님에게 혼나고 싶지 않다는 생각을 늘 머릿속에 지니고 생활한다. 그러면서 당신은 자신이 하고 싶은 것에 대해 점점 잊기 시작한다.

당신이 유능한 주부라면 어떨까? 당연히 당신은 남편과 아이의 요구와 기분에 민감해질 것이다. 반면에 자신의 기분과 욕구에는 둔감해져갈 것이다. 아니, 알아채지 못하도록 자신을 훈련시키거나 자기 욕구를 무시할 것이다.

연인 관계에서도 마찬가지다. 당신이 연인의 기분에 민감할수록 당신은 연인에게 이상적인 상대가 된다. 항상 연인에 대해 생각하는 것을 당신은 '사랑의 깊이'라고 여기겠지만 그것은 단지 연인의 기분에 민감한 태도일 수도 있다. 연인의 기분을 민감하게 살피는 나머지 자신의 기분을 억누르고, 오직 상대가 기뻐해야만 비로소 자신도 행복하다고 느끼는 것이다.

자신에 대해 생각하지 못하게 된 유능한 세일즈맨은 뼛속까지 유능한 세일즈맨이다. 성실한 자녀나 유능한 주부나 이상적인 연인도 뼛속까지 우수하다. 그런 상태가 되면 일주일 정도의 여행으로는 해결되지 않는다. 3개월 이상은 그 환경으로부터 차단되어야 자신이 누구인지 깨달을 수 있을지도 모른다. 자신이 진짜 하고 싶은 일이 무엇인지 알기 위해서 말이다.

몸의 중심을 낮춰라

나는 서른아홉 살 때 1년간 영국에서 유학한 적이 있다. 일본 문화청의 재외연수원이라는 자격이었기 때문에 일은 절대로 해서는 안 된다는 규정이 있었다. 일본을 떠나 3개월 정도 지났을 무렵부터 '나는 어떤 연극을 만들고 싶은 것인가'를 자연스럽게 생각하게 되었다. 아침 9시부터 저녁 6시까지 연극학교에 다니는 바쁜 생활이었지만 일을 하지 않았기 때문에 오히려 일에 대해 무의식적으로 생각하게 되었다.

내가 왜 그 작품을 만들었는지, 어떤 연극을 보고 싶어 했는지, 생각하려 하지 않아도 모든 것이 자연스레 떠올랐다. 그것은 마치 작은 용암이 의식의 밑바닥에서 보글보글 솟아오르는 것 같은 느낌이었다.

그때 우연히 런던에 여행온 작가 이노우에 히사시 씨를 만났다. 이노우에 씨는 온화한 얼굴로, 사람은 마흔을 전후해서 일에서 벗어나보는 것이 꼭 필요하다는 이야기를 했다. 이노우에 씨도 마흔 무렵에 1년간 해외 생활을 한 적이 있다고 했다.

알고 지내는 몇몇 작가나 연출가들에게 물어보니 그들 역시 마흔을 전후해 의도적으로 환경을 바꾼 사람이 많았다. 중년의 하프타임이랄까. 물론 그것은 아주 행복한 경우이다. 대부분은 일주일도 무리인데 하물며 3개월 이상, 혹은 1년이라는 시간을 낼 수 있을 리 없다고 생각할 것이다. '하루도 쉽지 않으니 진짜 고독과 마주하기란 불가능한 것인가' 하고 실망할지도 모른다.

하지만 그렇지 않다. 단 한 시간이라도 몸의 깊숙한 부분까지 누그러뜨려보면 좀 더 편안하게 자신과 대화를 나눌 수 있다. 그러기 위해서는 평소에도 '혼자도 괜찮다'는 받아들이는 마음이 필요하다. 그것도 당신의 인생임에 틀림없기 때문이다.

우리는 약한 존재로서 아무리 결심을 해도 문득 '혼자는 비참하다'고 생각해버리는 순간이 있다. 바로 그때 먼저 '몸의 중심'을 낮추어볼 것을 권한다.

이것은 아주 간단한 태도이지만 아주 중요한 태도이다. 인간은 초조해하고 긴장을 하면 몸의 중심이 점점 올라간다. 목소리는 들뜨고 숨은 턱에 차오르며 머리부터 먼저 움직이는 경향을 보인다. 초조해하는 사람의 움직임을 보라. 모두 머리부터 앞으로 나간다. 허둥지둥하는 사람은 모두 머리부터 먼저 움직인다. 머리가 상기된 상태라고도 할 수 있다.

반대로 침착한 사람은 묵직하게 허리 언저리로 움직이고 있는 느낌을 준다. 정확하게는 단전이라고 불리는, 배꼽에서 주먹 하나 아랫부분부터 움직이고 있는 느낌이다. 초조한 사람은 머리나 가슴을 내밀고 허리가 뒤로 빠져 있지만, 침착한 사람은 단전부터 움직인다.

의식적으로 몸의 중심을 점차 낮춰 단전 부분에 집중시켜보라. 숨을 깊게 들이마셔 배꼽 아래 단전 언저리에 채워 넣는다고 의식해보라. 의식하는 것만으로도 효과가 있다.

몇 초간 들이마시고 천천히 10여 초에 걸쳐 내쉬어라. 숨을 들이쉴수록 공기가 배 아랫부분으로 차곡차곡 채워진다고 상상하라. 신기하게도 기분이 차분히 가라앉는 느낌을 받을 것이다. 목소리도 의식적으로 낮게 내는 연습을 하라. 한층 더 차분해지며 몸이 이완되는 느낌이 전해져올 것이다.

혼자 점심을 먹다가 문득 비참하다는 생각이 들면 그대로 몸의 중심을 낮추려고 의식해보라. 깊은 호흡을 하는 것이다.

혼자인 것이 너무 외로워서 곧장 휴대폰을 집어들 것 같을 때 몸의 중심을 한껏 아래로 낮추어보라. 마음은 이내 안정을 찾아 '누구에게든 문자를 보내볼까?' 하는 '가짜 고독'의 유혹을 물리치기 수월해진다.

그리고 중심을 낮춘 채 숨을 몇 초 동안 들이마시고 10여 초에 걸쳐 천천히 내쉬면서 자신이 대체 어떤 인생을 살고 싶은지 생각하라. 일이 아니라, 부모가 아니라, 배우자나 자녀가 아니라, 바로 당신 자신이 도대체 무엇을 하고 싶은지 생각하는 것이다.

* 타인의 욕구에 민감해질수록 '자신의 욕구'는 놓치기 쉬워진다.
* 깊은 호흡으로 몸의 중심을 낮추어 '가짜 고독'의 유혹을 물리친다.

6
낡은 편견의 메커니즘

친구 100명이 생길까

일본에서는 유치원 아이들에게 '1학년이 되~면~ 친구 100명이 생길까'라는 구절로 시작하는 동요를 가르친다. 초등학교에 들어가면 더 많은 친구들이 있어 즐겁고 신나는 학교생활을 시작할 수 있다는 희망을 주기 위한 노래일 것이다. 아이들은 아무런 반감 없이 유치원 선생님의 반주에 맞추어 율동을 따라하며 노래를 부른다.

그런데 어른이 된 우리는 생각해볼 문제가 있다. 100명이라는 숫자는 간단한 숫자가 아니다. 어른이라도 100명의 친구가 있는 사람은 없다. 100명 중 대부분은 친구가 아니라 지인이다. 진짜 100

명의 친구를 만들려면 인간관계에 너무 쫓기게 될 것이다.

하물며 초등학교 1학년 아이에게 100명의 친구를 만드는 일은 단언컨대 불가능하다. 터무니없음에도 아이들은 큰 소리로 노래를 부르며 일종의 세뇌를 당한다.

이 노래의 문제는 '친구가 많은 것은 무조건 좋은 것. 친구가 없는 것은 무조건 나쁜 것'이라는 가치관을 불과 대여섯 살짜리 아이들에게 주입시키고 있다는 점이다. 친구의 소중함과 친구 사귀기의 어려움을 노래하는 거라면 몰라도, 단지 '친구 100명'을 노래하는 것은 너무 강박적이고 비현실적으로 느껴진다. 물론 노랫말을 지은 작사가는 아이에게 학교의 즐거움을 가르쳐주려 한 것이겠지만 말이다.

어른들은 아무런 생각 없이 아이들에게 "친구 생겼니?" 하고 묻는다. 반복되는 그 질문이 아이들에게 친구가 생기지 않은 것은 잘못된 것이라는 가치관을 은연중에 심어준다. 그 결과 학교에서도 가정에서도 친구가 많은 것은 좋은 일이고 친구가 없는 사람은 외롭고 비참하고 문제가 있는 사람이라는 가치관이 거리낌 없이 번져가는 것이다.

이쯤 되면 집단 따돌림의 원인 중 하나가 이 '친구 100명 지상주의'라고 말할 수도 있을 것이다. 친구들과 어울리지 못하는 것을 과도하게 겁내는 것은 친구가 없는 사람은 문제가 있는 사람이라는 관념이 우리 사회에 만연해 있기 때문이라고 생각한다.

친구가 생기면 행운이겠지만, 굳이 맞지 않는 사람과 무리하게 친구가 되지 않아도 되며, 혼자 있어도 그것은 대수로울 것이 없다는 가치관이 분명히 서 있다면 집단 따돌림은 훨씬 줄어들지 않을까 생각된다.

하지만 지금 일본 사회에는 학교나 가정뿐 아니라 회사든 어디든 친구가 많은 사람은 멋진 사람이고 친구가 없는 사람은 문제가 있는 사람이라는 가치관이 배어 있다.

이전에 어느 패밀리레스토랑에서 여고생 둘이서 스티커 사진첩을 교환하는 모습을 본 적이 있다. 몇 백 장쯤 될까? 페이지마다 빼곡히 스티커 사진이 붙어 있었다. 그런데 사진첩을 교환하며 이야기를 나누고 있는 여고생들의 얼굴이 즐거워 보이기는커녕 무표정에 가까워서 순간 섬뜩했다.

자신이 누군가와 찍은 사진을 들여다보며 친구와 이야기하는 것은 즐거운 일이다. 하지만 화제는 활기가 없었다. 그저 무심히 스티커 사진을 서로 보여주고 있었다. 별로 할 말이 없는 모양이라고 나는 생각했다. 이때 '친구 100명이 생길까'라는 노랫말이 머리를 스쳤다. 스티커 사진에 찍혀 있는 사람 수를 센다면 어쩌면 100명 정도가 아니라 500명 이상이 될지도 모른다. 하지만 그것은 '그저 함께 스티커 사진에 찍힌 사람'일 뿐이다.

할 말도 없는 사람의 사진을 모으는 것은 단지 친구가 많은 사람은 매력적인 사람이라는 편견 때문일 것이다. 사실은 친구도 지인도 아니고 그저 '함께 사진에 찍힌 사람'일 뿐인데도 말이다. 노래만으로 친구가 많은 건 무조건 좋다는 편견이 확산됐다고 생각하는 것은 물론 무리가 있다. 거기에는 분명 이유가 있다.

'다들 그래'라는 말의 상처

미국이나 유럽에 유학하거나 그곳에서 생활하다가 귀국한 사람들 중에 일본인의 성향에 대해 몹시 부정적으로 말하는 사람들이 있다. 그런 사람들의 의견은 대체로 하나같다.

"일본 사람들은 정말 체면만 신경 써. 그에 비해 서양 사람들은 개인주의로 똑부러져서 좋아."

그들은 구체적으로 이런 말도 한다.

"일본 사람들은 여럿이 밥을 먹으러 갈 때 '뭐 먹을까?' 하고 물어서, 다들 '라면'이라고 말하면 자기는 카레를 먹고 싶어도 '나도 라면'이라고 말하지. 정말 일본인에게는 자아가 없다니까. 서양 사람은 자기가 카레를 먹고 싶을 때는 주위에서 아무리 라면이라고 말해도 '카레가 먹고 싶다'고 분명히 말하지. 자아가 분명해. 개인이 확립되어 있는 거지."

듣기에 좀 거북한 이야기인지도 모른다.

우리는 좀처럼 집단 속에서 싫다고 말하지 못한다. 카레가 먹고 싶어도 라면이 중론이 되면 혼자만 "그럼 나는 카레 먹고 올 테니까 이따 만나."라고는 말하지 못한다.

왜일까? 일본 사람이 약하기 때문일까?

이유를 말하기 전에 잠시 다른 이야기를 하겠다.

남에게 들어 기분 나쁜 말 중 하나로, "너 요즘 평판이 안 좋아."라는 소리를 듣고 무심코 발끈해서 "누가 그런 말을 해?" 하고 되물으면 상대는 "다들 그래."라고 대답하는 경우가 있다.

'다들 그래.'

머리로 생각해보면 모든 사람이 그렇게 말할 리는 없다. '다들'이라고 하면 전원이라는 말이다. 강의실에서 이런 대화가 오갔다면 학과생 전원 35명이 당신의 험담을 한 셈이 된다. 그런 일은 절대로 있을 수 없다. 많은 사람이 말했을 수는 있어도 '모두'일 리는 없다.

직장에서 '다들 그래'라고 해도 직원 전원이 아님은 분명하다. 동료와 상사가 일치단결해서 당신의 험담을 하는 일은 있을 수 없다. 개중에는 그런 소문에 무관심한 사람도 있다. 만일 합심해서 험담을 한다면 더 일찌감치 회사로서 큰 문제가 되어 있을 것이다. 그러니까 '요즘 평판이 안 좋아'라는 말을 듣고 발끈했다가 '다들 그래'라는 최후의 일격이 가해져도 그럴 리 없나는 걸 머리로는 안다. 흥분해 있는 상태라면 "정말? 정말 다들 그래? 한 사람 한 사람 지금부터 물어볼거야!" 하고 소리칠 정도로 믿을 수 없는 말이다.

그런데, 그런데 우리는 '다들 그래'라는 말을 들으면 왠지 기분이 나빠지고 상처를 입는다. 그럴 리 없다고 생각하면서 그래도 '다들 그래'라는 말에 상처를 받는다.

다른 이야기를 하나 더 하겠다.

1972년 10월, 한 비행기가 영하 40도의 안데스 산맥에 불시착했다. 승객들이 먹을 것이 떨어지자 먼저 죽은 승객의 사체를 먹고 열일곱 명이 살아남았던 사건이었다. 이 조난 사고는 당시 세계적으로 화제가 되었다.

비행기에 타고 있던 우루과이 사람들은 더 이상 먹을 것이 없는 상황에서 굶어 죽을 것인가 사체를 먹을 것인가 선택을 해야만 했다. 그때 승객들은 한 사람 한 사람 신과 대화했다. 모두 모여 의논은 했지만 최종적으로 먹을지 말지는 한 사람 한 사람 각자가 신과 대화한 것이다. 남아 있는 사람들끼리 이야기할 때도 신의 비유를 언급했다. 먹을 것에 적극적이었던 사람들은 '신의 뜻'이라는 표현을 썼다.

"이것은 성찬이다. 그리스도는 우리를 구도적 생활로 인도하기 위해 죽어 자신의 몸을 주셨다. 우리 친구들은 우리의 육체를 살리기 위해 그 몸을 준 것이다."

그리고 그들은 인육을 먹기로 결심하고 살아남았다.

2차 대전 후 항공기가 사막이나 산속에 불시착하여 생존을 위해 사체를 먹은 사건은 10건 이상 보고되어 있다. 전해오는 기록에 따르면 기독교도들은 의논은 하지만 최종적으로는 신과의 대화를 통해 각자 결정했던 모양이다. 그 뒤 신에 대해 언급하는 일이 늘어난 것도 특징이다. 한 캐나다인이 새鳥로 모습을 바꾼 신의 인도로 산을 걷다가 구조되었다는 1979년 세스나 사고도 있었다. 일신교라는 기독교인들은 모두 신에게 '하나님, 먹어도 될까요? 저는 어떻게 하면 좋을까요?' 하고 개인적으로 질문한다.

만일 일본인들이 탄 비행기가 이런 상황에 처한다면 일본인들은 어떻게 할까 궁금해진다.

어떻게 될 것 같은가? 아마 일본인들은 의논을 하고 이야기를 나누고 얼추 전원이 납득한 것 같으면 살아남기 위해 사체를 먹을 거라고 생각한다. 누가 맨 처음 실행에 옮길지는 일본문화를 대표하는 '가위바위보'로 정할지도 모르겠다. 다시 말해 일본 사람들은 개인적으로 질문할 신을 갖고 있지 않다. '모두'가 어떻게 생각하고 있는지, '모두'가 어떻게 판단할지가 가장 중요한 잣대인 것이다.

'공동체사회'라는 이름의 신

그럼 일본인들은 신을 갖고 있지 않은 걸까? 일본 사람들이 신에 대해 엄격하지 않다는 것은 일본 사람들 모두가 알고 있다. 새해 첫 참배를 위해 신사에 가고, 결혼식은 교회에서, 장례는 절에서 하는 것을 일본 사람 스스로가 비웃는다. 일본 사람들은 종교에 대해 정말 아무렇게나 적당히 여러 가지를 흡수한다. 그래서 일본 사람들은 신을 갖지 않는다고 말한다.

그런데 그것이 사실일까? 기독교도에게 신이란 어떤 것일까?

기독교와 유대교, 이슬람교 모두 일신교이다. 즉 하나의 신을 믿는다. 모든 일신교는 신과의 계약을 중시한다. 단 하나의 신을 신앙하며 다른 신을 믿으면 신의 엄벌을 받는다. 단 하나의 신을 믿기 때문에 신은 믿는 자를 지켜준다. 모세의 십계명은 첫 번째로 '너는 나 이외에 다른 신을 두지 말라'고 말한다. 일신교의 신이란 그 정도로 엄밀하고 엄격한 것이다.

일본 사람들은 그런 신을 가지고 있지 않은 걸까? 일본에도 비슷한 것이 있다. 그것은 다름 아닌 '세간의 이목'이다. 이는 '세인의 이목', '세상 사람들' 같은 이름으로 불리곤 한다. 어려운 말로 하면 '공동체사회'이다.

일본에서는 신을 이리저리 바꾸어도 신이 노하지 않지만, 공동체사회에 거스르거나 공동체사회를 떠들썩하게 하거나 공동체사회로부터 손가락질을 받으면 살아가기가 무척 어려워진다. 그 대신 공동체사회에 거스르지 않는 한 공동체사회는 개인을 지켜준다.

훨씬 옛날, 에도 시대를 살펴보면 공동체사회를 이해하기가 더 쉬워진다. 촌락 공동체사회라는 어려운 표현이 있었다. 쉽게 말하면 하나의 마을이다. 그런 마을들의 생활 속에 '무라하치부村八分 : 동네 따돌림 : 마을 법도를 어긴 사람에 대해 마을 사람 전체가 그 집과 왕래를 끊는 일'라는 섬뜩한 말이 있었다. 마을의 규정을 거스른 사람에게는 '화재'와 '장례' 때 외에는 마을 사람들이 협력하지 않는다는 뜻이다. '화재'와 '장례'가 2부, 나머지 8부는 무시하고 말도 안 붙이는 것이다.

하지만 거기에도 이유가 있었다. 농경작업은 공동작업이다. 쌀을 만들 때 가장 중요한 물은 공동작업이 아니면 성립되지 않는다. 자기만 물을 독점하면 다른 곳은 쌀농사를 짓지 못하게 된다. 수로를 마을로 끌어 물이 흐르게 하고 안정적으로 물을 확보하기 위해서는 마을이 하나가 되어야만 했다. 이 시절 마을의 법도規定는 바로 서양의 신과 마찬가지로 강하고 무서우며 압도적이었다. 일본 사람들에게는 공동체가 신이었던 것이다. 마을의 법도에 거스르지 않는 한 마을은 사람들을 지켜주었다. 하지만 한 번이라도 마을의 법도를 깨뜨리면 두 번 다시 받아주지 않았다.

구로사와 아키라 감독의 영화 '7인의 사무라이'를 보았는가? 마을 사람은 일치단결하여 마을을 지키려 한다. 마을에서 의논하고, 장로의 말을 듣고, 마을 사람 한 사람 한 사람에게 살아가는 길을 가르쳐준다.

무인武人 사회나 상인들의 세계에서도 공동체가 확고했던 것은 마찬가지다. 일본인들은 공동체사회를 신으로 여기며 살아왔다. 무인 사회에서는 탈번脫藩하면, 다시 말해 공동체에서 빠져나오면 무숙자, 떠돌이라고 불렸고 그것만으로도 죄였다. 마을도 역시 해마다 바치는 공물 제도에 시달리던 주민이 마을에서 도망치면 당연히 죄인이 되었다. 즉, 공동체에 소속되지 않는 것은 신을 갖지 않는 존재, 신을 배신한 존재가 되었던 것이다.

그리고 메이지 시대가 되자 이 촌락공동체는 점점 무너져갔다. 메이지 정부는 국가를 강화하기 위해 너무 강한 촌락공동체를 약화시킬 필요가 있었다. 신은 공동체사회가 아니라 천황이라고 설정한 것이다.

어중간하게 무너진 공동체

그리고 오늘날의 일본인은 무너지다 만 공동체사회에 살고 있다. 완전히 무너지면 개인주의 세계가 되겠지만 완전히는 무너지지 않았다. 그렇다고 해서 완전하게 남아 있는 것도 아니다. 일본인을 강력하게 구속하는 촌락공동체는 더 이상 없다. 어중간하게 무너져 있는 것이다.

그래서 '다들' 당신의 험담을 하고 있다는 말을 들으면 머리로는 이상하다고 생각하면서 그래도 반쯤 상처를 입는 것이다. 완전히 무너졌다면 서양처럼 "모두? 에브리바디란 말야? 머리가 어떻게 된 거 아냐?"가 된다.

완전히 남아 아직 공동체가 기능을 하고 있다면 "다들 그렇게 말한다구?! 안 돼, 이제 끝장이야! 그것이 공동체의 결정이란 말인가!" 하고 절망적인 기분이 된다. 하지만 그 어느 쪽도 아니다. 완전히 무력하지도 완전히 전능하지도 않은 것이다.

우리가 '세간의 이목'이라는 말을 들었을 때 느끼는 답답함은 이 어중간하게 무너진 상태가 원인이다. 완전히 무너지지 않은 것은 개인주의가 되기 위한 신을 갖지 않았기 때문이다. 천황은 완전한 일신교의 신이 될 수 없었다. 뿔뿔이 흩어진 개인을 지탱할 강력한 신을 갖지 못했기 때문에 공동체는 이도저도 아닌 상태로 남았다.

그렇게 생각하면 처음에 했던 이야기, 다수가 '라면'을 주장하면 '카레'라고 말하지 못하는 일본인과 당당하게 '카레'라고 말할 수 있는 서양인의 차이를 이해할 수 있다. 서양인, 다시 말해 일신교 사람들에게 있어 문제는 마음속에 있는 신이다. 신과의 대화만이 문제이다. 주위 사람이 뭐라고 하든 신에게 "카레를 먹어도 될까요?"라고 물어서 "너답게 행동해라."라고 하면 "카레"라고 친구들에게 쉽게 말할 수 있다.

하지만 일본인은 공동체사회가 신이기 때문에 "라면"이라고 신(공동체사회)이 말하면 "라면"이라고 대답할 수밖에 없다. 그렇긴 해도 이 신은 어중간하게 무너진 신이기 때문에 완전히 복종하기에는 거부감이 있다. 그래서 일본 사람들은 마음속으로 '실은 카레라고 말하고 싶은데' 하며 괴로워하는 것이다. 공동체가 완벽하다면 '라면'은 공동체의 결정이므로 불평을 한다는 발상 자체가 없다.

이 '어중간하게 무너진 공동체'라는 의식은 일본 사람들 마음의 구석구석까지 스며들어 있다. 중학교·고등학교·대학교 동아리 활동에서는 공동체가 전부라고 생각하면서도 하나같이 내심 뭔가 이상하다고 생각하고 있다.

---

* 친구는 많은 게 좋다는 편견을 심어온 것이 공동체 메커니즘이다.
* 오늘날 공동체사회는 어중간하게 무너져 있다.

7
당신의 삶이
모든 것이다

책임지지 않는 공동체

'어중간하게 무너진 공동체'는 사이좋게 지내는 것은 매우 바람직한 일이며 친구가 많은 것은 그것만으로도 가치가 있다, 친구 100명은 훌륭하다는 가치관을 여전히 확산시키려 한다. 그것은 '어중간하게 무너진 공동체'를 유지시키는 것이 편리하다고 생각하는 사람들이 많기 때문이다.

무엇이든 세상 사람들 탓으로 돌리거나, 남들 앞에 고개를 들 수 없다고 말하거나, 행동의 기준에 대해 말할 때 "남 보기에 부끄럽잖아."라고 말하는 편이 쉬우면서도 강력하기 때문이다. 세상 사람을 빼버리면 일일이 자신의 언어로 이야기해야 한다. 그것은 대단한 에너지와 시간이 소모되는 작업이다. 서양 사람들이 "그건 신이 용서하지 않아."라고 하면 될 것을 일일이 자신의 말로 설명해야 하는 것과 마찬가지다. 그것은 상상도 할 수 없는 노력이 필요하다.

일본인들의 마음에 확산되는 '친구가 없는 사람은 비참하다'는 편견은 이 어중간하게 무너진 공동체가 연명하기 위해 만들어낸 개념이다. 그곳에서 나는 어중간하게 무너진 공동체를 버리고 '혼자라도 괜찮다'고 말하려는 것이다. 그것은 의지할 수 있는 절대적인 신도 갖지 않은 채 어중간하게 무너진 공동체로부터 빠져나오자고 말하는 것이다.

이유는 단순하다. '어중간하게 무너진 공동체'를 삶의 규칙으로 삼는 것은 '혼자서 해내겠다'는 삶의 규칙보다 손해가 크다고 생각하기 때문이다. 쉽게 말하면 공동체사회를 규칙으로 삼는 것은 더 고통이 커진다고 생각하는 것이다.

25년 동안 작가와 드라마 연출가를 하면서 독자와 관객들로부터 많은 편지를 받았다. 개중에는 안타까운 편지도 많았다.

"고카미 씨, 제 얘기 좀 들어주세요. 제 부모님은 제가 10대, 20대 시절에는 이성 교제에 대해 누구랑 통화하느냐 휴일에는 어딜 가느냐 일일이 간섭을 하고, 엄청나게 엄하게 대하면서 제 일기까지 몰래 살펴보더니, 제가 취직해서 일을 시작했을 때는 밤에 동료가 택시로 데려다주거나 하면 '주위 눈이 있으니까 집에서 떨어진 곳에서 내려라. 안 그러면 저 집 딸은 남자랑 술을 마시고 다니는 단정치 못한 딸이란 소릴 듣지 않겠냐'고 나무라셨습니다. 그것이 30대가 돼서 제가 쉬는 날 집에 좀 있으면 '쉬는 날이니까 어디 좀 나가라. 왜 아무도 부르는 사람이 없냐', '밤에 누가 택시로 데려다주면 집 바로 앞에서 내려 '감사합니다' 하고 큰 소리로 말해야 한다. 그럼 이웃에서 '아, 저 집 딸은 애인이 있구나' 하고 생각할 테니까' 하고 잔소리를 하시는 겁니다. 하는 말이 너무도 달라 저는 정말 화가 납니다. 고카미 씨, 저는 어떻게 하면 좋을까요?"

안타까우면서도 뭔가 이상한 이야기이기도 하다. 나는 지금이라도 늦지 않았으니까 집을 나오면 좋겠다고 답장해주었다. 문제는 내게 편지를 보낸 그 여성은 지금껏 '착한 아이'였다는 사실이다. 부모의 기분을 생각하고 부모의 기대에 부응하기 위해 부모의 말대로 살아왔던 것이다. 그리곤 겨우 30대가 되어 그것에 대해 의문을 갖게 되었다.

부모의 판단의 기준은 딸이 아니라 세간의 이목이었던 것이다. 세상 사람들에게 손가락질 받는 것은 너무나도 비참하고 창피한 일이었기 때문에 부모는 어떻게든 그렇게 되지 않도록 힘껏 주의를 기울인 것으로 보인다. 부모도 부모 나름대로 '초초와 불안'과 싸워왔던 것이다.

하지만 공동체사회는 최종적인 책임을 지지 않는다. 세상 사람들이 볼 때 납득할 만한 생활을 한다 해도, 납득할 만한 딸이 된다 해도, 그로 인해 행복을 선사하거나 상대를 찾아 맺어준다는 보장이 없다. 공동체사회는 어중간하게 무너져 있으니 말이다. 결과에 대해 책임을 지는 것은, 당연한 말이지만 자기 자신밖에 없다.

최첨단의 고민

당신은 이 말에 부담을 느낄지 모른다. 하지만 요즘 서양에서도 일요일에 교회 같은 곳에 가본 적이 없는 젊은이나 '그냥 무신론자에 가깝다'고 답하는, 기독교에 전혀 관심이 없는 사람들이 늘고 있다.

그렇다 보니 그들은 일본 사람들이 60여 년 전부터 씨름 중인 문제, '강력한 신이 없는 채로 어중간하게 무너진 공동체 속에서 어떻게 살아갈까?' 하는 일에 드디어 직면하기 시작했다. 당신이 줄곧 싸워온 문제가 세계 최첨단의 문제가 된 것이다.

물론 단순한 대답은 많다. 강력한 신을 다시 한 번 만든다. 강력한 공동체를 다시 한 번 만든다. 이 두 가지를 모두 시도하고 있는 곳이 이라크 전쟁을 시작했던 미국이다. 기독교 원리주의를 내세워 강력한 국가를 지향하는 것. 미국 국민은 어지간히 불안한 모양이다. 너무 불안해서 두 가지가 없으면 안 되는 상황에 이르렀다. 이웃 사람이 어떤 사람인지도 모르고, 총을 가지고 있을지도 모르는 환경에 살고 있다면 불안해지는 것도 당연하다. 하지만 당신은 어느 쪽도 선택하지 않은 채 살아갈 길을 찾아야 한다.

* 기능을 상실한 공동체에 의지한 삶보다 혼자의 삶이 덜 고통스럽다.
* 강한 신. 강한 공동체를 만들어 살아도 불안은 사라지지 않는다.

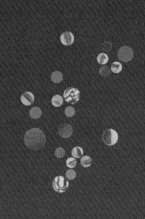

불안하지 않은 채
꽃피울 수는 없다

8
0점과 100점 사이에서 결정되는 인생

3할 타율의 의미

이제 고독의 동반자 불안에 대해 이야기해볼 차례이다. 우리는 살아가면서 불안을 없앨 수는 없다. 생각이 멈춰버리지 않는 한 불안은 우리 곁을 늘 맴돈다. 부정적인 것을 상상하기 때문이다. 종종 첫 무대의 어린이가 당당하게 연기하여 '천재 아역'이라는 소리를 듣는다. 하지만 아이가 점점 커가면서 여러 무대를 경험하다 보면 자연스럽게 연기력이 빛을 잃어가곤 한다. 무대의 두려움을 알게 되면서 평범한 배우가 되어가는 것이다.

아무것도 모르면 불안에 떠는 일도 없다. 하지만 사람은 성장한다. 많은 것을 알아간다. 앎으로 인해 불안도 더불어 자라난다.

앞에서 나는 불안에는 '긍정적인 불안'과 '부정적인 불안'이 있다고 했다. '부정적인 불안'이란 우리를 휘두르는 불안이다. '긍정적인 불안'은 우리에게 에너지를 주는 불안이다.

불안과 고독은 경쟁 사회 속에서 점점 확산되는 경향이 있다. 만나는 사람마다 고독하고 불안하지 않은 사람이 없는 듯하다. 경쟁 사회가 아니라면 불안과 고독이 이렇게 널리 퍼져 있을 수가 없다. 혼자는 비참하다고 생각하는 마음속에는 '경쟁에서 뒤처지고 싶지 않다'는 초조함이 깔려 있다. 장래를 불안해하는 마음에는 '경쟁 사회의 패배자가 되고 싶지 않다'는 마음이 있다.

누구도 패배를 바라지는 않는다. 문제는 무엇을 승리라 하고 무엇을 패배라 하느냐다. '진짜 고독'을 경험한 당신은 '나에게 있어 이긴다는 것과 진다는 것은 무엇인가?'를 생각할 것이다.

나는 스물다섯 살 때 '올나이트 닛폰'이라는 심야 방송 DJ를 한 적이 있다. 작가와 연출가가 본업이었던 탓에 라디오 스튜디오에서 두 시간 동안 이야기를 한다는 것은 보통 일이 아니었다. 열심히 개그를 생각하고 필사적으로 떠들었지만 한 번 실수를 하면 창백해져서, 그 날의 방송은 점점 재미가 없어졌다. 아, 오늘도 망쳤구나 하고 망연자실하는 날들이 계속되었다. 그러던 어느 날 지인이 매번 성공시키려 할 필요는 없다고 충고해주었다. 나는 깜짝 놀라며, "네?! 망쳐도 괜찮다고요?" 하고 되물었다.

"명타자였다는 나가시마 시게오나 오 사다하루의 종신 타율은 3할이라구. 즉, 세 번에 한 번만 쳐도 명타자로 인정받고 명구회 Golden Players Club 전당에 들어간다니까. 세 번에 한 번만 안타를 쳐도 엄청난 거야. 고카미 군은 매번 성공시키려 하잖아. 10할 타자가 되려고 하는 거야. 그렇게 하면 몸도 정신도 버티지 못해. 세 번에 한 번으로 족해. 그 정도노 역사에 남는 명선수니까."

이 충고는 나를 정말 자유롭게 했다. 참고로 마쓰이도 3할이다. 이치로는 3할 5푼. 천재 타자라 부를 만하다.

세 번에 한 번이면 명선수라는 생각 덕분에 방송을 아주 편하게 할 수 있었다. 결과적으로 성공적인 방송이 늘어갔다. 설령 부진했더라도 '두 번 망쳐도 괜찮으니까 앞으로 한 번은 더 망쳐도 된다'고 생각하면 마음이 편해졌다.

격렬한 경쟁 사회인 프로야구에서 세 번에 한 번 안타를 치면 역사에 남는 선수가 되는 것이다. 대부분의 야구 선수는 3할에 미치지 못한다. 2할 전후인 사람이 많다. 하지만 그들은 명선수이고 프로이다. 네 번 중 한 번밖에 안타를 못 쳐도 아무도 그 선수를 나무라지는 않는다. 이것을 다르게 표현한다면, 100점을 지향하지 말고 67점의 인생을 인정하라는 말이다.

0점과 100점

젊을 때는 0 아니면 100을 추구한다. 그 편이 멋져 보이기 때문이다. 배우의 예를 들어보겠다. 젊은 연극배우는 첫 순서에서 실수를 하면 그날 공연은 망쳤다고 포기하는 사람이 있다. 공연은 매일 있다. 같은 작품을 스무 번 혹은 서른 번 공연한다. 그런데 어느 날 무대에서 초반에 큰 실수를 하면 더 이상 회복을 못하는 마음상태가 되곤 한다. 나는 연출가이기 때문에 객석 뒤에서 지켜보면서 '왜 한 번 실수하면 전부를 포기하는 걸까?! 이제부터 얼마나 열심히 하느냐가 인생인데!' 하고 안타까워한다.

이런 0 아니면 100인 배우들이 연극이 끝난 뒤 회식 자리에서 "아, 오늘은 망쳤어요······." 하며 슬픈 얼굴로 말하는 모습을 보면 나는 어찌하면 좋을지 난감해진다. 그런데 다음날은 첫 장면부터 잘되어 100점을 연기하기도 한다. 그리고는 회식에서 "와우, 오늘은 최고의 무대였어요!" 하고 신이 나서 말한다.

인생이 0과 100뿐이라면 얼마나 간단하겠는가? 하지만 인생은 25점이나 46점, 67점으로 살아가는 것이다. 아니, 살아갈 수밖에 없다. 0은 패자 무리이고 100은 승자 무리이다. 그것은 명쾌하다. 그럼 26점은? 46점은? 67점은? 당신에게는 몇 점이 만족스런 점수인가? 100점 외에는 전부 똑같은가? 100점 외에는 모두 패자 무리인가? 만일 당신이 그렇게 생각하고 있다면 당신은 아주 힘든 인생을 보내고 있을 것이다. 그런 생각을 당신에게 주입시킨 건 누구인가? 엄한 부모인가, 엄격한 회사인가, 무서운 선생인가, 심한 자기혐오인가?

시험에서 85점을 받아 온 아이에게 '잘했다'고 말하는 부모와 '15점만 더 받으면 100점이었을 텐데'라고 애석해하는 부모에게서 자란 아이들은 당연히 승자 무리에 대한 생각도 다르다. 당신은 85점을 어떻게 생각하는가?

* 매번이 아니라 세 번에 한 번 이기면 충분하다.
* 인생은 0점이냐 100점이냐가 아닌, 그 사이에서 결정된다.

9

죽고 싶을 만큼
불안하다면

불안의 레벨

우선 말할 것은 불안에는 레벨이 있다는 점이다. 극심한 불안 때문에 밤에 도무지 잠을 못 잔다거나, 죽음을 생각하게 되었다거나, 삶이 완전히 무의미하게 느껴지거나, 의욕이 전혀 없다면 병원에 갈 필요가 있다.

정신과 의사들은 그런 기분이 한 달 정도 계속된다면 병원에 갈 때라고 말한다. 그것은 예를 들면 자살의 계기가 되는 우울증인지도 모르기 때문이다. 우울증은 분명히 병이다. 병이라는 표현은 부정적인 의미가 아니라 병원에서 치료하는 것이라는 뜻이다. 우울증은 마음의 감기라고 표현되는데, 감기가 아니라 골절이라고 말하는 의사도 있다. 감기는 그대로 두면 대부분의 경우는 낫는다. 하지만 골절은 일단 병원에 가지 않으면 제대로 나을 수가 없기 때문이다.

병원에 가는 것은 조금도 부끄러운 일이 아니다. 병원에 가면 의사는 보통 질병과 마찬가지로 증세를 듣고 살펴보고 약을 준다. 약을 먹으면 상당히 편안해진다. 불안신경증이라 불리는 경우도 그것은 병이다. 병이 났을 때는 병원에 가는 것이다. 그것은 당연한 행동이다.

너무 불안해서 죽을 것 같을 때 이 책을 읽는 분이 있다면 먼저 병원으로 가야 한다. 정신과나 심료내과心療內科 : 심리적 작용으로 내과적 질환을 치료하는 일의 문을 두드리시기 바란다. 당신의 불안은 약으로 상당히 완화된다.

내가 아는 PD는 만날 때마다 안색이 나빠지고 있었다. "무슨 일이야?" 하고 물었더니 "부끄러운 얘긴데 불안해서 잠이 안 와."라고 대답했다. 물론 이런 말을 쉽게 하지는 않는다. 같이 술을 마시고 많은 얘기를 나누다가 겨우 고백한 말이다.

PD란 연극을 기획하는 사람이다. 지금은 극장 사정으로 2년 후의 기획까지 생각해야 하는 상황이다. 2년 후에 있을 연극을 생각하고 극장을 예약하는 것이다. 누구에게 출연을 부탁할지 캐스팅도 한다.

조금만 생각해보면 그것은 매우 위험한 일이라는 것을 알 수 있다. 2년 후에 있을 작품의 출연을 의뢰하는 것이다. 그 배우가 2년 동안 같은 포지션일 거라고 누구도 장담할 수 없기 때문이다. 여배우라면 결혼해서 임신을 할 수도 있고 이미 결혼한 배우라도 어떤 스캔들이 일어날지도 모른다. 주연으로 섭외했던 남자 배우가 사기나 숨겨둔 자식 소동 같은 황당한 스캔들을 일으킬 가능성도 있다. 다시 말해 인기가 있던 사람이 2년 만에 갑자기 팬을 잃을 수도 있는 것이다. 그런데 2년 후의 연극 내용을 결정해야 한다. 성실한 PD라면, 아니 성실할수록 이 사태를 못 견디는 것은 당연하다.

죽음을 생각하기 전에

불안과 트러블은 다르다. 트러블은 문제가 구체적이다. 앞의 PD의 경우라면, 예를 들어 티켓이 안 팔린다든지 주연 남자 배우와 여배우의 사이가 나쁘다든지 하는 문제이다. 이런 경우라면 물론 마음이 아프지만 뭘 어떻게 해야 할지 분명하다. 티켓이 안 팔린다면 더 많은 사람들에게 알리기 위해 전단을 많이 배포하든지 TV 광고를 하든지 일단 할 일이 있다. 주연 두 사람 사이가 안 좋아서 작품이 공중 분해될 것 같으면 PD는 두 사람을 만나 각자의 이야기를 들어보고 설득할 수 있는 일이 있다. 그래도 해결되지 않으면 물론 괴로운 일이지만, 트러블의 경우는 일단 할 수 있는 일이 있다. 할 일이 있으면 아직 희망이 있다.

하지만 불안에는 할 수 있는 일이 거의 없다. 역시 그 PD를 예로 들자면 2년 후에 캐스팅한 사람에게 2년 동안 스캔들을 일으키지 말아달라고, 2년 동안 지금의 인기를 유지해서 훌륭한 배우로 있어 달라고 부탁한다는 것은 의미가 없을 뿐 아니라 실례이다. 부탁받은 쪽도 어찌해야 좋을지 모른다. 그러니 2년 일찍 캐스팅한 뒤에는 그저 속수무책으로 안 좋은 일이 일어나지 않기를 기도하는 수밖에 없다.

성실한 PD일수록 이런 사태에 어찌해야 할지 몰라 불안에 시달린다. 좋은 의미에서 철저하지 않은 PD라면, 뭐 그렇게 되면 그때 가서 생각하자고 할 수 있지만, 성실한 PD는 만일 그렇게 되어 작품이 없어지면 어쩌지, 티켓이 안 팔리게 되면 어쩌지 하고 걱정한다. 작품 규모가 크면 간단히 20~30억이라는 돈이 움직인다. 물론 작품이 큰 실패로 돌아가면 PD 혼자서 어떻게 할 수 있는 금액이 아니다. 그렇게 생각하면 불안해서 잠이 안 오는 것은 당연하다.

나는 그에게 '병원에 가는 게 좋겠다'고 말했다. 그는 무척 언짢은 얼굴을 했다. 병이라는 말에 울컥한 것 같았다. 그리고 얼마쯤 지나 다시 그를 만났다. 안색은 더 나빠져 있었다. 잠을 전혀 못 자게 되었다고, 잠깐 잠이 들었다가도 금방 잠이 깬다고 했다. 아내의 말에 따르면 잠꼬대를 하며 알 수 없는 소리를 지른다는 것이었다. 나는 다시 한 번 병원에 가볼 것을 권했다. 요즘은 정말 가벼운 마음으로 갈 수 있다고. 하지만 그는 애매한 대답을 할 뿐이었다. 그리고 또 다음에 만났을 때, 그는 전보다 안색이 더 나빠져 있었다. 나는 이번에야말로 병원에 안 가면 더 이상 용서하지 않겠다고 했다. 내가 용서하지 않겠다고 한 것은 실효성이 약한 의미 없는 말이었지만 그렇게밖에 말할 수 없었다.

그리곤 얼마 후, PD를 만나자 안색이 아주 건강해져 있었다. 큰 결심을 하고 심료내과에 갔더니 의사가 자신의 이야기를 들어주고 수면유도제를 처방해주어 그날 밤에는 정말 오랜만에 푹 잤다고 말했다.

"계속 복용했더니 잠자리에 드는 것도 두렵지 않고 밤도 두렵지 않게 됐어. 잠을 잘 수 있으니까 깨어 있을 때 아무리 힘든 일이 있어도 견딜 수 있게 되었고."

그렇게 말하며 그는 오늘 밤도 수면유도제를 먹는다. 부작용도 습관성도 없는 약이다. 의사와 충분히 상담을 하고 처방을 받는다면 아무런 문제가 없다. 수면유도제나 심료내과, 정신과 모두 지금은 많이 변했다. 그곳은 누구든 가볍게 상담을 하러 가는 곳이다.

일본의 자살자는 최근 몇 년 동안, 연간 3만 명을 훨씬 넘었다. 이 숫자는 이상하다. 교통사고 사망자 수의 약 네 배. 인구 비율로 보면 구미선진국 중 단연 1위이다. 이 자살 중 대부분이 우울증이 원인이다. 결심하고 자살하는 것이 아니라 병으로 인해 자살하는 것이다. 만일 당신이 너무나 불안해서 죽음을 생각하고 있다면 당장 가까운 심료내과에 가야 한다.

---

* 트러블은 대처할 수 있지만 불안은 어떻게 해야 할지 모르는 것이다.
* 병원에서 치료가 필요한 불안도 있다.

10
생각하는 것과
고민하는 것

고민하면 시간이 쏜살같다

'생각하는 것'과 '고민하는 것'은 다르다. 나는 스물두 살 때 극단을 창단했다. 당시는 지금과 달리 학생 극단에서 프로를 꿈꾸는 사람이 없었다. 당연히 창단할 때는 불안했다. 와세다 대학 연극 연구회라는 곳에 있었는데 선배가 내게 "고카미, 극단 어떻게 할 거야?" 하고 물었다.

"지금 어떻게 할지 생각 중이에요. 창단하는 게 좋을지, 해나갈 수 있을지……." 하고 대답했더니, 그 선배는 "생각하고 있는 게 아니네. 고민하고 있는 거네."라고 말했다. 무슨 소린가 하는 얼굴을 하자, 선배는 "생각하는 것과 고민하는 건 달라. 생각한다는 건 극단을 창단해서 해 나갈 수 있을까. 그럼 우선 지금 일본의 연극 상황을 알아보자. 자신이 하고 싶은 연극과 비슷한 극단은 있는지, 비슷한 극단이 있다면 관객이 어느 정도인지, 자신이 쓰는 대본은 연극계 안에서 어느 정도의 수준인지 그런 것들을 이것저것 생각하는 거야. 당연히 조사하거나 사람들에게 물어보기도 하는 거지. 고민한다는 건 '극단 창단이 잘 될까, 어떨까' 하고 우물쭈물하는 거야. 오랜 시간 고민해도 아무런 결론도 나오지 않고 아이디어도 떠오르지 않을 거야. 생각하는 경우는 달라. 오랫동안 생각하면 여러 가지 아이디어도 나오고 의견도 모이지. 안 그래? 고민하는 것과 생각하는 것은 다르다고."

이것 역시 생각지도 못했던 충고였다. 트러블은 생각을 할 수 있지만 불안은 그저 고민을 할 뿐이다. 고민은 하면 할수록 불안만 키운다. 사실 고민을 해도 별 도리가 없는 일에 대해서는 고민하지 않기로 하는 것이 가장 좋다.

말은 쉽지만 2년 후 배우의 상태를 걱정한 PD처럼 자기도 모르게 머릿속에 떠오를 거라고 당신은 말할지도 모른다. 잘 안다. 하지만 당신은 지진 걱정으로 밤에 잠이 안 오는가? 아마도 그런 사람은 별로 없으리라 본다. 내일 교통사고를 당할지도 모른다는 생각에 너무 걱정이 되어 잠이 안 오는 일은 없는가? 자녀를 둔 사람이라면 자녀가 유괴나 당하지 않을까 너무 걱정되어 잠이 안 오는 일은? 집에 비행기가 추락하는 게 아닐까 하는 걱정에 잠이 안 오는 일은? 아마도 당신은 이런 일들 때문에 잠이 안 올 만큼 걱정을 하고 있지는 않을 것이다. 그것은 걱정을 해도 도리가 없기 때문이다. 걱정을 해도 별 도리가 없는 일, 고민해도 별 수가 없는 일은 자기도 모르게 고민을 하지 않는다. 그것을 알게 되면 몇 가지 문제는 고민하지 않게 될 것이다. 물론 알면서도 그렇게 되지 않는 문제도 여전히 남게 된다. 그 기분도 이해한다.

그럼 지금 당신이 안고 있는 문제를 당신은 생각하고 있는가, 아니면 고민하고 있는가? 그 문제는 트러블인가, 불안 그 자체인가? 내가 고민하는 것과 생각하는 것의 차이를 듣고 놀랐던 것은 효과적인 시간 사용법을 발견했기 때문이다. 고민을 하다 보면 눈 깜짝할 사이에 시간이 지나간다. 그리고 아무것도 남는 것은 없다. 어떻게 하지 어떻게 하지, 하고 계속해서 겉돌기만 할 뿐이다. 생각을 하는 경우는 시간이 지나면 지난 만큼 뭔가가 남는다. 그것이 결과적으로 잘못된 일이라 해도 일단 뭔가 해야 할 일, 아이디어가 떠오른다. 그리고 그 무언가를 하고 있을 때 터무니없는 불안은 진정된다.

---

* '고민'을 하면 시간은 그냥 사라져간다.
* '생각'을 하면 무언가가 남는다.

11

당신이 되고 싶어 하는
그 사람도 고독하고 불안하다

'절대 보증'은 없다

어떤 말을 들어도 불안이 사그라지지 않는 사람이 있다. 그런 사람은 대개 '자신감이 없어서'라고 말한다. 하지만 자신감을 최종적으로 보증해줄 '근거' 따위는 없다. 내가 와세다 대학에서 인생 특강을 할 때, 이런 질문을 자주 받았다.

"저는 졸업하면 배우가 되고 싶은데 잘 할 수 있을지 자신이 없습니다. 어떻게 하면 자신감이 생길까요?"

나는 자신감 없이는 안 되니까 평생 못 할 거라고 대답했다. 야속하고 냉정하게 들리겠지만 이렇게밖에 대답할 수가 없다. 근거를 찾아야만 안심하는 사람은 어떤 상황에서도 불안에 시달릴 수밖에 없기 때문이다.

예를 들면 친구가 "A는 참 잘해. 틀림없이 프로 배우가 될 거야."라고 칭찬을 해도 자신감이 없는 A는, '하지만 프로 배우는 뭐라고 할까?' 하는 생각에 자신감을 갖지 못한다.

설령 프로 배우가 A에게 배우로서 잘할 수 있겠다고 해도 A는 '하지만 프로 연출가는 뭐라고 할까?' 하는 생각에 자신감을 갖지 못할 것이다. 그리고 프로 연출가의 말을 들어도, '그래도 방송국 PD는 뭐라고 할까?' 하고 역시 자신감을 갖지 못한다. 이번에는 방송국 PD가 "괜찮아. 프로로서 해나갈 수 있어."라고 말하더라도 자신감이 없는 A는 '이 사람은 이렇게 말하지만 다른 방송국 PD는 어떻게 생각할까?' 하고 여전히 기가 죽어 있다.

만나는 사람 모두가 '너는 프로가 될 수 있다'고 장담하는 일은 있을 수 없다. 누군가는 '안 될 거다'라고 말한다. 그때마다 자신감을 잃고 불안을 느껴야 할까? 만일 기적적으로, 만나는 모든 사람이 '프로가 될 수 있다'고 말했다 치더라도, 그리고 데뷔작을 멋진 연기로 장식할 수 있었다 해도, '그럼 다음 작품도 과연 이렇게 잘될까?' 하는 불안이 다시 따라다닐 것이다.

인생에 성공을 약속해줄 '절대 보증' 따위는 존재하지 않는다. '고독'처럼 우리는 평생 '불안'과 함께 가는 수밖에 없다. A처럼 불안에 휘둘리는 것은 분명 '부정적인 불안'에 해당한다.

근거 없이 시작하라

스포츠 세계는 근거 있는 자신감의 세계일 거라는 말을 들을 때가 있다. 100미터를 10초 만에 달릴 수 있는 사람은 육상 선수가 되기를 주저하지 않을 것이다. 당연히 명확한 근거가 있으니 자신감을 가질 것이라는 의미이다. 물론 그렇다. 그러나 이것 역시 100미터를 10초 만에 달릴 수 있는 사람이 다음에도 10초 만에 달릴 수 있다는 '절대 보증'은 없다. 과거에 10초를 기록했다는 실적이 있을 뿐이다. 그것은 자신감이 되겠지만 다음 도전에 대한 절대 보증은 아니다.

100억 엔쯤 있으면 불안 따위는 없어질 거라고 말하는 사람도 있다. 아스키의 창업자, 니시 가즈히코 씨가 최근 인터뷰에서 아스키의 사장 시절, 개인 자산이 300억 엔이라고 고백하며, "300억 엔이 있으면 사람은 어떤 생각을 하는지 아세요?" 하고 기자에게 거꾸로 질문을 던지고 있었다. 니시 씨는 이렇게 말했다.

"500억을 만들어보겠다고 생각해요."

300억이 있다고 끝나는 게 아니라 가지고 있기 때문에 더욱 더 욕심이 생긴다는 말이다. 지금 니시 씨는 컴퓨터 업계에서 물러나 교육자로 지내고 있다. 300억 엔은 불안을 없애는 힘이 되지는 않는다고 말하고 싶었을 것이다.

어떤 상황이 되어도 자신감을 뒷받침해 줄 절대 근거 따위는 없다는 걸 알면 오히려 용기가 생긴다. 우리가 그토록 되고 싶어 하는 바로 그 사람도 인생의 매순간 고독하고 불안하다는 것을 기억해야 한다.

그런 의미에서 '~가 되면 시작하자' 또는 '~라는 말을 들으면 하자' 하고 기다리는 것은 무의미하다는 것을 알 수 있다. 절대 보증을 찾아 가만히 기다리다가 인생이 끝날 바에는 일단 시작해보는 것이 더 현명해보인다. 근거 없이 시작해보는 것이다.

* '부정적인 불안'이란 있지도 않은 '절대 보증'을 기다리는 마음이다.
* '긍정적인 불안'이란 근거 없이도 시작해보자는 자신에 대한 믿음이다.

12
상상이
당신을 상처 입힌다

상상의 독

불안을 키우는 것은 당신의 상상력이다. 당신의 상상력이 풍부할수록 불안은 커진다.

예를 들면 당신은 "야마다가 네 험담을 하더라."라는 말을 친구에게 들었을 때와 야마다로부터 직접 욕을 먹었을 때 중 어느 쪽이 더 상처가 되는가? 그리고 어느 쪽이 회복이 빠를 것 같은가? 당신이 야마다에게 호감을 갖고 있거나 그를 신뢰하고 있다고 생각해보라. 자, 어느 쪽인가?

언뜻 직접 듣는 편이 더 상처받을 거라고 생각하기 쉽지만, 곰곰이 생각해보면 깊이 오래 상처받는 것은 친구로부터 '야마다가 네 험담을 하더라'라는 말을 전해 듣는 쪽일 것이다.

왜냐하면 친구로부터 그 말을 들은 순간부터 당신은 야마다의 말투를 상상하고 이유가 무엇일지 혼란스럽고 밤에도 잠을 이룰 수 없을 것이기 때문이다.

당신의 상상력이 망상을 키우는 것이다.

야마다는 나에 대해 심한 욕을 했을까, 어떤 식으로 말했을까, 이런 저런 생각을 하는 것이다. 생각하지 않으려 해도 당신의 상상력은 머릿속에서 떠나지 않고 당신을 괴롭힌다. 그 말을 들은 당신의 상상력이 스토리를 완벽하게 꾸며 당신을 괴롭히는 것입니다.

그러면, 직접 야마다에게 그 말을 들은 경우를 상상해보자.

당신의 눈앞에서 야마다는 당신의 험담을 한다. 당신은 놀라고 심한 충격을 받는다. 당신은 어이없어할까, 아니면 무심코 왜냐고 물을까?

왜냐고 물었다가 야마다가 이유를 말하기 시작하면 당신은 그의 말에 더욱더 구체적으로 상처를 받을지도 모른다.

이 점이 싫었다든지, 그때 실은 이렇게 생각했다든지, 이런 발언을 용서할 수 없다든지, 야마다의 말을 들으면서 당신은 상처받겠지만 머지않아 상대방이 남김없이 털어놓으면 당신은 도망칠 곳을 잃고 마침내 웃을 수밖에 없는 상태가 될 것이다.

만일 야마다가 한마디 불쑥 던지고 자리를 떠나버린다면 당신의 상상력이 그 다음을 상상하고 점점 당신의 상처를 깊게 만든다.

하지만 그가 자리를 떠나지 않은 채 마주보며 계속 불만을 말한다면 처음에는 당신은 맥이 빠지고 우울해지겠지만, 시간이 흐르면서 점점 뭐 될 대로 되라 하는 자포자기 같은 마음이 되어간다. 그것은 야마다가 어떤 식으로 자신의 험담을 했을지, 대체 뭘 잘못했는지, 어떻게 하면 야마다의 마음을 바꿀 수 있을지 매일 잠 못 이루는 밤을 보내는 상처와는 다른 종류의 것이다.

얼굴을 마주하고 오랜 시간 불평을 듣는 것은 분명하고 선명한 상처이다. 철저하고 명확한 상처인 것이다. 이런 저런 상상을 하며 불안에 몸부림치며 잠 못 이루는 밤을 보내는 것은 더 음습하고 어두운 상처이다.

이런 비유는 어떨까?

야마다가 눈앞에서 당신의 험담을 하는 것은 직접 맞거나 베이거나 해서 외상을 입는 것과 같다. 하지만 '야마다가 네 험담을 하더라'는 말을 듣는 것은 마치 독을 마신 것과 같다. 그 독은 몸속에서 서서히 지속적으로 작용하며 당신을 깊은 곳에서 상처 입히고 좀먹는다.

외상은 눈에 보이는 심한 손상이지만 독약에 비해 회복이 빠르다. 시간이 흐르면 결국 낫는다. 그러나 독은 내버려두면 언제까지나 작용한다. 당신의 상상력에 끝이 없기 때문이다. 생각하지 않으려 해도 당신은 야마다의 말투를 이리저리 상상하고 그의 표정을 떠올린다.

당신은 자신에게 가장 치명적인 말투를 알고 있다. 당신의 상상력은 당신이 가장 상처받을 만한 망상을 당신에게 가져다준다. 눈앞의 야마다가 당신이 가장 상처받을 만한 말투로 말하는 일은 좀처럼 일어나지 않는다. 아마도 별로 영향을 미치지 못하는 말도 많이 할 것이다. 해보면 알겠지만, 상대를 치명적으로 자극하는 말을 계속 하기는 정말 어렵다.

갈 데까지 가보면 다음으로 나아간다

야마다에게 눈앞에서 욕을 먹고 그 이유를 물었는데 야마다가 말없이 가버리거나, "알잖아." 하고 무책임한 한마디를 남기고 떠나버린다면 외상이었던 그 상처는 갑자기 독약으로 생긴 상처로 바뀐다.

대놓고 모조리 말해주는 편이 차라리 속편하고 불안에도 덜 시달린다.

연인이나 부부가 싸울 때도 서로 만족할 때까지 지속하는 편이 불안도 적고 회복도 빠르다. 아무리 옥신각신해도 한쪽이 침묵으로 일관하거나 일방적으로 내뱉는 식의 대화, 또는 한쪽 부모가 대신 나서거나 한다면 제대로 된 대화를 할 수 없기 때문에 망상이 점점 부풀어 불안은 걷잡을 수 없이 커진다. '부정적인 불안'이 휘몰아치는 것이다.

직접 부딪치지 않으면 불안은 망상 속에서 점점 커져간다. 서로의 고독도 더 깊어진다. 그렇게 상상력은 자신을 점점 괴롭히는 것이다.

하지만 서로 할 수 있는 만큼 실컷 언성을 높이고 나면 서로의 관계는 분명해진다. 특히 아직 서로가 서로의 관계를 어떻게든 회복해보려는 경우, 긍정적인 방향으로 생각하려는 경우, 끝까지 철저하게 싸우는 것이 훨씬 효과적이다. 언쟁하는 시간이 이도저도 아니게 짧기 때문에 문제가 더 깊어지는 것이다.

한번 불만을 말하기 시작했으면 적어도 8시간은 언쟁을 계속해야 한다. 결코 도중에 그만두어서는 안 된다. 욕도 8시간이나 계속하다보면 점점 할 말이 없어진다. 8시간이나 욕을 하다보면 말하는 쪽이나 듣는 쪽이나 싫증이 난다. 결국 얼간이, 바보, 멍청이 같은 점점 아무런 상처도 주지 않는 말들을 할 수밖에 없어진다. 그러니 웃을 수밖에 없게 되는 것이다.

서로가 진지하게 갈등하고 있는 상황이라면 8시간이나 언성을 높일 수는 없으며 점차 대화를 나누게 될 것이고, 결국 두 사람의 관계가 회복될 가망이 있는 건지 절망적인 건지 분명해진다.

있는 얘기 없는 얘기 모두 털어놓고 대화를 나눈 뒤, 두 사람의 생각이 전혀 다르다는 것을 알고 이제 헤어지는 수밖에 없다는 결론을 내렸다 해도 그것은 매우 긍정적이고 건전한 일이다.

당시에는 가슴이 찢어질 정도로 괴로운 일이겠지만, 문제를 매듭지을 수 있다는 것은 희망이다. 더 이상 같은 일로 고민할 필요는 없기 때문이다. 음습한 망상에 시달리는 일도, 뜻모를 불안에 짓눌리는 일도 없어진다.

관계를 끝내고 다음으로 나아갈 수 있으면 분명 새로운 만남이 있다. 무엇보다 두 사람은 더 이상 이도저도 아닌 상태로 계속 독약을 들이키는 해로운 짓을 하지 않아도 되니까 말이다. 그것만으로도 정신 건강에는 아주 긍정적인 것이다.

고통을 줄이려면 직접 부딪혀라

경영자로서 유능했던 프로레슬러 자이언트 바바 씨의 경영 철학은 단 하나, '남에게 들은 말은 직접 본인에게 확인할 때까지 믿지 않는다'는 것이었다.

나는 바바 씨의 인터뷰를 통해 이 사실을 알고 감동했다. 거액의 돈이 움직이는 현장에서는 있는 말 없는 말, 상처받는 말들이 난무한다.

그때 소문을 일일이 믿었다가는 불안에 쉽게 무너질 것이다. 아무리 당혹스러운 소문을 들어도 직접 본인의 말을 듣지 않으면 믿지 않는다는 것. 쉽지 않은 일이지만 바바 씨가 터득한 '격렬한 인간관계 속에서 살아남는 방법'이었을 것이다.

직접 본인에게 추궁하는 것 또한 엄청난 에너지가 필요하지만, 그래도 소문만 믿고 '부정적인 불안'에 빼앗기는 에너지에 비하면 훨씬 낫다고 바바 씨는 느꼈을 것이다.

연애 문제도 마찬가지라고 본다.

불안에 못 견딜 것 같으면 본인에게 직접 물어봐야 한다. 어떻게 그럴 수 있냐고 생각하는가?

고통의 양을 줄이고자 한다면 직접 물어보는 것이 가장 낫다. 직접 물어보는 것은 당시에는 상당한 에너지를 필요로 하지만, 불안으로 몸부림치며 기력을 소진하는 것보다 결과적으로 보면 훨씬 낫다. 단, 제대로 물어봐야 한다. '부정적인 불안'에 휘둘리며 묻는 건 의미가 없다. "그럼 메일로 진지하게 물어보겠습니다!" 이런 결심은 재미는 있지만 의미는 없다.

'금지된 습관Torch Song Trilogy'이라는 영화를 본 적이 있는가? 성소수자인 아들과 동성애를 인정하지 않는 어머니와의 처절한 싸움이 테마 중 하나이다. 뭔가를 의논할 때는 이렇게까지 철저하게 해야 한다는 걸 가르쳐주는 영화이다. 울어도 괜찮다. 화를 내도 괜찮다. 단, 결코 도중에 대화를 포기하지 않아야 한다. 포기하지 않으면 결국 눈물은 마르고 화는 가라앉아 다시 대화를 시작할 수 있다.

상처주지 않기 위해 어설프게 묻는 것으로는 안타깝게도 효과가 없다. 마음을 닫은 채 "바람을 피우다니!" 하고 반쯤 웃으면서 농담처럼 물으면 결코 사실을 말하지 않는다. 당신이 진지하게 묻지 않으니까 상대방도 진지하게 답하지 않는 것이다.

상대의 눈을 똑바로 보고 마음을 열고(그래서 심한 상처를 받겠지만), 농담처럼 하지 말고, 억지웃음도 짓지 말고(자기가 말하고 의미 없이 웃는 사람이 많아졌다. 자신이 한 말의 무게를 지우려는 노력이라고 생각된다. TV를 보면 인터뷰하는 사람이 한 마디가 끝날 때마다 "하하하" 하고 건조한 억지웃음을 짓곤 한다. 또, 회의 진행자가 무언가를 결정할 때 억지웃음을 짓곤 한다), 언성을 높이지 말고, 부드러우면서도 직설적으로 "바람 피웠어?" 하고 물어라. 물론 그렇게 물었다고 해서 사실을 말한다는 보장은 없지만 사실을 말해줄 가능성은 높아진다.

아니라고 말하면 당신이 요즘 느끼고 있는 상대방의 변화를 말하라. 울지 말고 너무 흥분도 하지 말고, 그래도 참을 수 없으면 내키는 대로 하라. 단, 그렇게 하려면 충분히 시간을 들여야 한다. 절대로 상황이 끝나기 전에 자리를 뜨지 말아야 한다.

결과적으로 그 일로 사랑이 끝나게 되더라도 어둡고 음습한 불안으로부터 당신은 해방된다.

그리고 이것도 장담하겠다. 과감히 헤어질 수 있다면 새로운 만남도 분명히 찾아온다.

* 싸움은 갈 데까지 가는 것이 회복이 빠르다.
* 당신이 직접, 진지하게 묻지 않으면 상대방도 진지하게 답하지 않는다.

13
타인과 타자를
구별하라

큰 기쁨을 주는 사람이
큰 고통을 준다

점술가가 말하는 인간의 고민은 '인간관계, 돈, 건강'이다. 여기에 '꿈'을 넣으면 거의 상담의 전부라고 말한다.

'진짜 고독'을 경험하고 당신은 새로운 네트워크와 만난다. 새로이 만난 그 사람들과 교류할 수 있으면 당신의 불안은 가벼워진다. 지금까지의 마지못해 하는 교제가 아니라 진짜 교제(인간관계)가 시작될 가능성이 있는 것이다.

'타인他人'과 '타자他者'는 비슷하지만 전혀 다른 의미를 지니고 있다. 우리는 가능하다면 긍정적인 인간관계만을 원한다. 기쁨과 즐거움, 행복한 놀라움을 주는 인간관계를 경험하고 싶어 한다. 마이너스 인간관계, 고독이나 불안이나 슬픔이나 분노, 그런 부정적인 감정을 느끼게 되는 관계는 피하고 싶어 한다. 하지만 아이러니하게도 가장 기쁨을 주는 상대가 가장 극심한 고통도 준다. 큰 기쁨과 행복을 주는 상대가 극심한 고독과 불안을 주는 것이다.

조금만 상상해보면 알 수 있다. 당신이 좋아하게 된 사람은 당신에게 최대의 기쁨을 준다. 그것은 연인이나 가족이나 친구, 누구든지 그렇다. 당신은 그 사람과 함께 있는 것만으로도 행복하다. 그렇기에 그 사람과 헤어지는 것, 그 사람과 떨어지는 것, 그 사람과 다투는 일에 극심한 슬픔이 따른다. 안타깝게도 큰 기쁨과 행복은 극심한 고독과 불안을 낳는다.

이 사태를 피하기 위해 우리가 취하는 가장 일반적인 수단은 '너무 좋아하지 않는 것'이다. 너무 좋아하지 않으면 심하게 상처받는 일도 없다. 고독에 몸부림치고 불안으로 안절부절못하게 되는 일도 없다. 그래서 아주 안정된 상태이지만 동시에 당신도 충분히 알다시피 참으로 외롭고 허전한 상태이기도 하다.

깊이 사랑하지 않는 관계를 유지하고 있을 때, 당신 주변에는 '타인'만이 있는 상태이다. 당신과 상관없는 인간관계, 그것은 '타인'이라고 부른다. 기쁨과 동시에 고독이나 불안을 주는 인간관계는 '타인'이 아니다. 플러스와 마이너스를 동시에 갖는 존재, 즉, 당신의 마음속에 깊이 자리한 인간관계는 '타자'라고 부른다.

외면해버릴 수 없는 '타자'

인간관계에는 이 '타인'과 '타자'라는 두 종류가 있다. '타자'란 버리고 싶지만 버릴 수 없는 관계, 좋지만 싫은 관계를 말한다. 더 제대로 표현하자면 '타자'란 '받아들이고 싶지만 받아들일 수 없는 관계'이며, 동시에 '받아들이고 싶지 않지만 받아들여야 하는 관계'를 말한다.

많은 사람들에게 있어 가까운 곳에 있는 '타자'는 이해심 없는 부모일 것이다. 부모 입장에서는 이해할 수 없는 자식이라고도 말할 수 있다. 당신은 당신의 어머니(혹은 아버지)의 불평을 받아들이고 싶다고 생각하지만 받아들일 수 없다고 고민하고 있다. 동시에 어머니(혹은 아버지)가 하는 말을 받아들이고 싶지 않지만 받아들여야 한다고 생각할 것이다. 말하자면 애매한 상태이다.

어머니(혹은 아버지)의 존재를 완전히 사랑할 수 있거나 완전히 미워할 수 있다면 사태는 매우 간단해진다. 그런데 당신은 사랑하고 싶지만 사랑할 수 없고, 동시에 사랑하고 싶지 않지만 사랑해야 한다고 고민하는 것이다. 그것은 다시 말해 그 사람을 사랑하면서도 미워하고 있는 것이다. 사랑하기 때문에 미워하고 미워하면서도 동시에 사랑하는 것이다.

자신에겐 그런 존재가 없다고 생각하는 사람이 있다면 그 사람은 매우 행복한 사람인지도 모른다. 그러나 행복하지만 매우 부족한 인생이다.

내가 영국의 연극학교에 워크숍 리서치를 위해 유학했을 때 자신의 어린 시설에 대해 이야기하는 수업이 있었다. 25명 정도의 동료들 앞에서 자신의 어린 시절에 대해 이야기하는 것이다.

"하고 싶은 얘기를 하세요. 하기 싫은 얘기는 안 해도 됩니다."

처음에 선생님이 이렇게 말했다. 하지만 모두 저마다 인생의 힘들었던 일을 이야기하기 시작했다. 한 사람이 적어도 30분, 평균 한 시간 정도 이야기했다. 이야기를 듣다 보니 절반의 학생들이 부모의 이혼을 경험하고 있다는 것을 알게 되었다.

'어느 날 학교에서 집으로 돌아왔더니 엄마와 언니가 없었다. 무슨 일이냐고 아빠에게 물었더니 아빠는 말없이 방에서 나갔다.'

그 학생에게 있어 자신을 두고 떠난 어머니는 '타자'이다. 아이 나름대로 이혼할 수밖에 없었던 사정을 느끼기 때문에(또는 어른이 되면서 이혼할 수밖에 없었던 사정을 점점 알게 되기 때문에) 어머니의 행동을 '받아들이고 싶다'고 생각하지만 그래도 자신을 버리고 떠난 어머니는 '받아들일 수 없다'고 생각하는 관계이다.

이런 애매한 상태로, 그래도 아이들은 정기적으로 어머니와 만난다. 만나서 화를 내는 것도 아니고 소리를 지르는 것도 아니고 대화를 이어간다. 만일 이때 어머니에 대한 기분을 완전히 정리해서 아무것도 느끼지 않게 되었다면 아이에게 있어 어머니는 '타인'이 된다.

'타인'이란 '받아들일 필요도 없고 그럴 마음도 없는 관계'를 말한다. '타인'의 관계가 되면 고민할 일도 없어진다.

물론 그런 부모 자식 관계도 있다. 어떤 사정으로 부모 자식의 연을 끊은 관계이다. 그 경우 '타자'가 아니라 '타인'이 되는 것이다. 쉽게 헤어질 수 있는 커플인 경우 '타인'의 관계였다고 말할 수 있다. 결혼 후 신혼여행에서 돌아오는 길에 공항에서 깨끗이 이혼을 결정하는 두 사람은 '타인'이다. 하지만 너무 좋아하면서 너무 믿고, 헤어지고 싶어도 헤어질 수 없어 이러지도 저러지도 못하는 관계는 '타자'의 관계이다. 그렇기 때문에 부모 자식이나 부부는 무조건 '타자'라고는 할 수 없다.

연인 사이라도 '타인'인 경우와 '타자'인 경우가 있다. 서로가 서로를 정말로 필요하다고 느끼지만 어느 한쪽이 순간적으로 미혹되어 바람을 피운 경우는 '타자'인 경우가 많다. 바람을 피웠다는 이유로 깨끗이 헤어질 수 있다면 그것은 '타인'이다.

하지만 서로가 정말로 서로를 좋아하는 경우 '타자'의 고통이 시작된다. 그때 '어떤 사정이든 바람을 피웠으면 그것으로 끝'이라고

서슴없이 말할 수 있다면 얼마나 간단한 일일까. 복잡한 인생을 단순하게 결론지을 수 있는 규칙이 있다는 것이니 말이다.

내가 처음 만난 '타자'

20대 전반 내가 가족 이외에 만난 충격적인 '타자'는 대학 연극 동아리에서 만난 연극 동료였다. 평소 무척 자상한 그는 술에 취하면 자신의 여자 친구를 때렸다. 그녀도 내가 아는 사람이었다. 나는 '여자를 때리는 남자와는 친구를 맺을 수 없다'는 나름의 태도를 가지고 있었다. 인간으로서 최악의 부류라고 치부했던 것이다. 사실 주먹으로 여자의 얼굴을 때리는 따위의 짓을 하는 인간을 그때까지 본 적이 없었다. 몰랐기 때문에 나는 '그런 녀석은 사람도 아니다'라고 말했다.

하지만 슬프게도 연극 동료는 그런 인간이었다. 회식 자리에서 그는 주사를 부리지는 않았다. 하지만 취중 대화 속에서 그가 자신의 여자 친구를 별로 좋아하지 않는다는 것이 드러났다. 외로움 때문에 사귀기 시작해서 사랑으로 발전하지 못한 채 계속 관계를 지속하고 있는, 그리고 그 이유로 고민하고 있었다.

그녀 쪽은 안타깝게도 그에게 푹 빠져 있었다. 회식이 끝나고 모두 해산한 뒤에 언제나 비극이 일어났다. 다음 날이면 그녀는 얼굴에 퍼런 멍이 들어 학교에 왔다. 취한 그녀는 그에게 기대고 매달리고, 취한 그는 그것을 견디지 못해 그녀를 때리는 일이 반복되고 있었다.

나는 적잖은 충격을 받았다. 그런 인간과는 친구는커녕 두 번 다시 말도 섞고 싶지 않다고 생각했다. 하지만 그는 연극 동료로서는 필요한 존재였다. 술 취하지 않았을 때는 인격자이며 연기도 잘하고 의지할 수 있는 존재였다. 하지만 여자를 때리는 것이다. 그것도 주먹으로.

나는 그를 받아들이고 싶지만 받아들일 수 없다고 생각했다. 동시에 받아들이고 싶지 않지만 받아들여야 한다고도 생각했다. 그 당시 내 연극에 그는 빼놓을 수 없는 존재였던 것이다.

나는 혼란스러웠고 그러한 '타자'와 어떻게 친구가 되면 좋을지 알 수 없었다. 내가 취하여 그와 그녀의 손을 잡고 화해를 권하며 악수를 하게 한 적도 있었다. 나는 수십 번이나 "화해!"를 외치며 두 사람의 손을 내 두 손으로 감싸 쥐고 아래위로 흔들었다. 화해의 악수를 반복시킨 것이다. 소리치며 나는 눈물이 나는 것을 있는 힘을 다해 참았다. 술에 취한 나로서는 가볍게 농담처럼 하지 않으면 두 사람이 손을 빼버릴 것 같았다.

하지만 다음 날 역시 그녀는 얼굴이 부어 학교에 왔다. 그 얼굴을 보았을 때 나는 큰 무력감과 절망감에 사로잡혔다. 서 있는 지면

이 쿨렁 뒤틀리고 하반신이 마치 늪으로 빠져드는 기분이 들었다. 하지만 나는 그 길로 연습실로 가서 그와 연극 연습을 시작하는 것이다. 술 취하지 않은 상태의 그는 매우 이성적인 사람이었다. 그를 '타인'으로 규정할 수 없었던 것은 내가 연극을 만드는 데 있어 절대적으로 필요한 멤버였다는, 정말 실리적이고 한심한 이유가 첫 번째였다. 하지만 동시에 비슷한 성도의 강도로 나는 '알고 싶다'고 생각했다. 왜 그는 때리는 걸까? 왜 취하기만 하면 때리는 걸까? 그건 가정환경과 관계가 있는 걸까? 부모의 영향이 있는 걸까? 진지하게 생각했다. 취하지 않은 그는 무척 좋은 녀석이었다는 이유도 있었다. 취하지 않았을 때의 그는 정말 온전한 존재였다.

그런 그에 대해 '여성을 때리는 녀석은 용서 못해'라는 원칙적인 태도를 적용하기는 쉽지 않았다. 그렇다고 해서 그를 용서했느냐 하면 물론 그렇지는 않았다. 나는 회식 때마다 조마조마했다. 그가 또 때리는 게 아닐까. 그리고 그녀는 그것을 받아들이는 것이 아닐까. 그를 사랑하기 때문에 도망치지 않는 게 아닐까. 그런 관계는 잔인하고 너무 슬픈 것이었다.

나는 그가 취하지 않았을 때 그에게 몇 번이고 때리지 말라는 말을 했다. 그도 그 말이 맞다는 반응을 보였다. 하지만 마시면 그 일은 다시 일어났다. 그녀의 부은 얼굴을 볼 때마다 나는 할 말을 잃었다.

'타자'와의 교제 방법에는 '이것이 정답이다'라는 알기 쉬운 해답
은 없다. 없기 때문에 '타자'인 거라고도 할 수 있다. '타자'란 적
과 아군, 천사와 악마 사이에 팽팽하게 매달린 존재이다. '타자'
와 교제하는 것은 그것만으로 상당한 정신적 부담이 된다. 하지
만 제대로 교제하면 당신의 고독을 치유하고 불안을 완화시켜주
는 존재가 될 수 있다.

'타인'은 당신의 고독과 불안에 대해 기본적으로는 무력하다. 일
주일 만에 헤어지는 연인은 당신의 고독을 근본적으로 윤택하게
해주지 못하며 불안을 일시적으로 잊게 해주는 일도 없다. 하지
만 '타자'는 당신의 불안과 고독을 누그러뜨린다. 그리고 물론 어
떤 때는 당신의 불안과 고독을 심화시킨다.

＊ '타인'은 단지 당신의 주변에 있을 뿐인 사람이다.
＊ 친구든 연인이든 당신이 사랑하면서 미워하는 사람이 '타자'이다.

14
어떻게 성장할 것인가

당신의 생각으로 달라지는 상대방

상대를 '타자'로 인정한다는 것은 '어떤 사람에게나 사정은 있다. 어떤 행동에도 이유는 있다'고 생각한다는 것이다. 예를 들어보자. 당신의 옆집에 황당한 이웃이 이사를 왔다. 새벽 3시에 큰 소리로 노래를 부르는 이웃이다. 당신은 강하게 항의를 하지만 그는 멈추지 않는다. 상대방은 대화할 때는 이성적이어서 미안하다고 사과하지만 또 다시 새벽 3시가 되면 그 기묘한 노래를 시작한다. 그것이 빌려 사는 아파트이고 비용에 여유만 있다면 당신은 다른 곳으로 이사할 생각을 할지도 모른다. 새벽 3시에 노래를 부르는 이웃은 당신이 이사를 결심한 시점에서 '타인'이 된다. 하지만 이사 비용이 없거나 그것이 당신 소유의 아파트인 경우 사태는 골치 아파진다.

더욱이 아파트를 구입했던 시점보다 시세가 떨어진 경우라면 쉽게 팔고 다른 곳으로 이사를 갈 수도 없다. 당신은 그곳에 계속 있어야 하는 것이다.

당신은 마음을 단단히 먹고 새벽 3시에 노래를 부르는 이웃과 진지하게 담판을 짓기로 한다. 이때 이웃은 '타자'로서 당신 앞에 나타날 가능성이 있다. 물론 '타자'가 되지 못하고 '타인'인 채로 일관하려는 사람도 있다.

몇 년 전 일본에서는 이웃과 트러블이 있던 여성이 아침 일찍부터 밤늦게까지 음악을 크게 틀어놓고 창가에서 먼지를 일으키며 이불을 털어 옆집 사람들을 불쾌하게 만들었다는 사건이 있었다. 일본에서 크게 이슈가 된 이 문제는 그녀와 이웃이 서로 갈등을 견디지 못하고 단호히 상대방을 '타인'으로 몰아내려 한 사건의 하나였다.

상대를 '타인'으로 규정지으면 분명하고 개운한 느낌이 든다. 구체적인 수고가 따르지도 않고 정신적인 부담도 훨씬 적다. '타인'은 최종적으로 배제하거나 무시하면 그만이기 때문이다.

하지만 모든 사람을 '타인'으로 만들어버릴 수는 없다. 길에서 스친 사람이나 편의점 점원이나 역에서 부딪히며 지나간 사람을 '타인'

으로 치부하기는 쉽지만, 좋아하게 된 사람, 이웃에 사는 사람, 직장 동료, 가족을 '타인'으로 치부하기란 쉬운 일이 아니다.

"B는 왜 그런 짓을 했을까?"라는 질문에 "이유가 어디 있어. 머리가 이상한 거지."라고 대답한다면 당신에게 있어 B는 '타인'이다. '집안 내력이다', '운명이다', '혈통이다', '돌았다' 등등 상대의 내면과 상관없는 이유로 단칼에 잘라낼 수 있다면 상대는 '타인'인 것이다.

얼마나 이해하기 쉽고 명쾌한가?

하지만 대부분은 명쾌하고 개운해서가 아니라 여유가 없어서 냉정하게 잘라내는 거라고 생각한다. 자신이 너무 지쳐 있다든지, 가족 중에 아픈 사람이 있다든지, 심한 불안에 시달리고 있다든지, 고독으로 몸부림치고 있다든지, 업무상 심한 트러블이 있다든지, 그런 이유들 말이다.

그런데 어떤 계기로 만일 당신이 B를 이해하는 상황이 되었다면 당신에게 있어 B는 갑자기 '타자'가 된다. 가장 흔한 것은 당신이 B를 좋아하게 된 경우이다. 좋아하게 되어 동거를 한다거나 결혼 등을 생각한 경우이다. 당신은 열심히 B를 이해하려 한다. 그때부터 당신에게 있어 B는 '타자'가 된다.

B가 당신 회사의 직속 상사나 부하가 되는 경우도 있다. 지금까지는 '타인'으로서 무시할 수 있었는데 직속 상사가 되어 상대방

을 어떻게든 이해하지 않으면 직장 생활을 해나갈 수 없는 경우 말이다. 갑자기 B와 팀을 이루어 일을 해야 하는 상황이 될 수도 있다. 둘이서 발표회를 위한 연구를 해야 한다든지 지역 행사의 진행을 맡게 된다든지 말이다. 정신적인 이유든 경제적인 이유든 누군가의 명령이나 그밖의 이유로 당신은 B를 이해하고 싶고 이해해야 한다고 생각한다면 그때 '타인'이었던 B는 당신에게 '타자'가 된다.

결국 '타인'인지 '타자'인지의 차이는 오직 당신의 생각에 달렸다. 아무리 B가 당신 가까이 다가와도 당신에게 그럴 마음이나 그럴 필요가 없다면 B는 언제까지나 당신에게 '타인'이다.

세상에서 가장 중요한 싸움

인간적 성숙의 정도는 '타자'와 얼마나 어울릴 수 있느냐로 알 수 있다. 골치 아픈 존재, 즉 '타자'와 어떻게 인간관계를 유지하느냐 하는 것이 그 사람이 성숙한 사람인지를 알 수 있는 바로미터라고 나는 생각한다.

그것은 다르게 표현하면 자신의 불안과 어떻게 어울릴 수 있느냐의 문제가 된다. '타자'와 어울릴 수 있는 사람은 자신의 불안과도 어울릴 수 있다. 그는 '긍정적인 불안'과 어울려 살 수 있는 사람이다. 그리고 고독과도 마찬가지일 것이다.

어울리는 방법에 정답은 없다. 그것은 고독과 불안을 어떻게 하면 좋을지에 대한 정답이 하나가 아닌 것과 같다.

'타자'와 어울려본 경험이 없는 사람은 갈등을 견디지 못해 계속해서 '타인'을 만들어간다. 그런 사람은 마찬가지로 '부정적인 불안'에 휘둘리는 것이다. '타자'와 얼마나 어울릴 수 있느냐가 성숙의 바로미터라는 것은 바꾸어 말하면 '타자'와 교제함으로써 인간은 성숙해진다는 말이기도 하다. 성숙해짐으로써 자신의 '고독과 불안'과도 잘 어울릴 수 있게 된다는 의미이다.

그것은 '타자'와 만나고 '타자'와 어울리는 것이 '고독과 불안'에 대한 연습이 되기 때문이다. 우리는 만남에서 고독을 느끼고 고독하기 때문에 다시 만남을 찾는다. 그런 의미에서 보면 만남으로도 고독으로도 우리 삶이 크게 달라지는 것은 없다. 모두 자신이 규정짓는 마음의 작용일 따름이다.

고독도 불안도 만남도 처음에는 불편하고 에너지가 필요하다. 하지만 이것도 이내 내성이 생긴다. 포기하지 않으면 점점 '타자'와의 어울림은 나아져간다. 그것은 운동 능력이나 학습 능력이 향상되는 것과 마찬가지다. 경험이 당신을 성숙으로 이끄는 것이다. 그것은 틀림없는 사실이다.

세상에서 가장 중요한 싸움은 자신의 불안과의 싸움이다. 대부분의 경우 사람들은 상대로 인해 넘어지는 것이 아니라 자신의 불안 때문에 넘어진다.

'실패하면 어쩌나', '나는 이제 틀렸다' 혹은 '제대로 못하면 웃음거리가 된다'는 자기 생각과의 싸움에 먼저 말려든다. 그리고 거기서 패배하는 사람이 대부분이다.

그것은 불안과 마주한 경험이 부족하기 때문이다. 그러나 반복해서 경험을 쌓으면 안개 속 불안도 조금씩 모습을 드러낸다. 조금씩 불안과의 교제 방법을 알게 되는 것이다. 사람에 따라 정도는 다르지만 경험은 우리를 능숙하게 만들어준다.

'타자'와의 관계 속에서 당신은 몇 번이고 불안과 싸우는 경험을 할 것이다. 처음에는 '부정적인 불안'에 휘둘릴 것이다. 하지만 몇 번이고 싸움에 지다보면 어느새 요령을 터득하게 된다. 불안을 에너지로 바꾸는 '긍정적인 불안'의 방법을 경험으로 알아가는 것이다.

* 포기하지 않으면 '타자'와의 관계는 나아진다.
* '타자'와 어울림으로써 '고독과 불안'과도 어울릴 수 있게 된다.

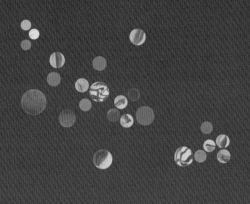

고독과 불안을
활용하는 힘

15
기분보다
이해가 중요하다

왜 이해해주지 않느냐고 묻기 전에

불안이 생기는 원인 중 하나로 '인간은 서로 이해하는 것이 당연하다'는 오해가 있다. 내가 20대 초반이었을 때, 한 여자가 내게 이렇게 소리친 적이 있다.

"왜 이해해주지 않는 거야?!"

나는 오싹했다. 왜 그렇게 오싹했는지 이유를 생각해보니 이 말에는 '인간은 서로 이해하는 것이 당연하다'는 생각이 전제되어 있기 때문이었음을 알았다. 인간은 당연히 서로 이해할 수 있어야 하는데 당신은 전혀 이해해주지 않는다고, 이 여성은 초조해하고 불안해하고 있었다.

하지만 만일 '인간은 서로 이해할 수 없다'는 생각이 전제되어 있다면 서로 이해하지 못하는 상태는 일상적인 일이므로 불안으로 조바심치거나 불안에 휘둘리는 일은 없어진다. 그러고 나서 서로를 이해했다고 생각했을 때는 말할 수 없는 기쁨을 느끼게 된다. 인간은 서로 이해할 수 없는 법인데 서로 이해했다는 것은 기적 같은 순간이기 때문이다. 그것은 말할 수 없는 기쁨의 순간이다. 거꾸로 서로 이해하지 못한 상태는 결코 조바심칠 일이 아니다. 서로 이해하지 못한다고 불안해하고 걱정할 필요가 없다. 서로 이해하지 못하는 것이 당연하기 때문에 '자, 어떻게 하면 서로 이해할 수 있을까' 하고 이리저리 생각하는 일은 있어도 고민하거나 조바심칠 일은 없다는 말이다.

나는 이 전제가 매우 중요하다고 생각한다. 인간은 서로 이해하지 못하는 존재이다. 이해하지 못하기 때문에 더욱 이해하려고 하는 것이다.

국제결혼을 한 사람들은 하나같이 '결혼에서 중요한 것은 기분보다도 이해, 애정보다도 정보'라고 대답한다. 왜 이런 행동을 했을까? 이 식사를 어떻게 생각할까? 화장지는 누가 교체할까? 잠자리는 어느 정도 간격으로 할까? 음식의 간은 누가 볼까?

생활을 위해 산적한 문제는 '사랑하기 때문에' 혹은 '서로의 눈을 보면 이해할 수 있으니까'라는 말로 해결할 수 있는 것이 아니다.

철저하게, 최선을 다해 의논하지 않으면 답에 도달하지 못한다.

모든 결혼은 국제결혼과 같다. 교제도 그렇다. 같은 나라 사람끼리도 사실은 국제 커플과 같은 문제를 안고 있다. 배우자는 서로 생각이 다르고, 취향이 다르고, 자라온 집안 환경이 다르다.

'타자'와 '타인' 이외에 '말하지 않아도 이해해주는 또 하나의 나'라는 존재를 생각하는 사람도 있다. '말하지 않아도 이해해주는 또 하나의 나'…… 당신이 총명한 사람이라면 그런 사람은 존재하지 않는다는 걸 곧 알게 될 것이다. 하지만 지쳐 있거나, 심하게 상처 받았거나, 너무 고독하거나, 너무 어리거나, 삶을 원망하다 보면 자기도 모르게 세상에는 '말하지 않아도 이해해주는 또 하나의 나'가 있다고 믿으려 한다. 자신이 만난 사이비 교주를 진짜 신이라고 믿고 싶은 경우가 바로 그런 경우이다.

경험이 많지 않은 극작가 지망생이 쓴 드라마에는 종종 이 '말하지 않아도 이해해주는 또 하나의 나'가 등장한다. 주인공에게 멋진 충고를 해주거나 주인공에게 맞춰 움직여주거나 주인공이 활약하도록 희생해주는 사람이다.

극작가 지망생은 주인공에게 감정 이입을 한다. 즉, 자신이다. 그래서 이 자신을 돕는 '말하지 않아도 이해해주는 또 하나의 나'가 차례차례 등장하는 것이다. 마치 자원 봉사자 집단 같다. 아쉽게도 현실 세계에는 이런 일이 없다는 것을 우리는 알고 있다.

아직도 놀라는 일

그렇기 때문에 당신이 사랑한 사람은, 가족은, 친구는 '말하지 않아도 이해해주는 또 하나의 나'가 아니라 '타자'이다. '타자'인 이상 아무리 사랑하는 사람이라도 플러스와 마이너스 양면이 있다. 그렇게 의식하는 것은 '고독과 불안'으로부터 도망칠 수 없다고 마음을 단단히 먹는 일이기도 하다. '말하지 않아도 이해해주는 또 하나의 나'가 어딘가에 있어서 당신을 있는 그대로 모두 받아들여준다는 생각을 버리는 것은 '고독과 불안'과 함께 살아가기로 결심하는 일이다.

눈앞에 있는 사람을 자기도 모르게 '말하지 않아도 이해해주는 또 하나의 나'라고 착각하는 것은 우리와 겉모습이 닮았기 때문일 것이다. 비슷한 모습을 하고 있으니까 무심코 상대방도 같은 생각을 하고 있을 거라고 착각한다. 이것이 미국 같은 곳이라면 외모부터 다른 경우가 많다. 당신이 뉴욕에 살고 있고 이웃에 이사온 사람이 새벽 3시에 노래를 부른다면 어떨까?

당신이 이웃사람을 만나러 갔는데 아프리카 어딘가 당신이 모르는 나라에서 지난주에 온 사람이라고 하자. 상반신을 벗고 본 적도 없는 모양의 문신을 가슴과 등에 하고 있다. 이 경우는 이해하기 쉬운 '타인'이다. 거기에 대고 당신은 "왜 이해해주지 않는 거야?!"라고 외치는 일은 절대로 없을 것이다.

'타인'과 '타자'의 모습을 구분하기 쉬운 나라도 있다. 흑인을 배척하려는 KKK^{Ku Klux Klan}의 모습을 본 적이 있는가? 드라마와 역사 속만의 이야기인가 했더니 지금도 간혹 실시간 뉴스에 등장하곤 한다. 흰옷 차림에 삼각 복면을 하고 있기 때문에 한눈에 다른 사람이라는 생각이 든다. KKK 단원에게 왜 이해해주지 않느냐고 외치려면 용기가 필요하다. 너무 다른 모습이라 이해해줄지 어떨지 누구라도 자신이 없어지는 것이다.

일본인 커플이 무심코 "왜 이해해주지 않는 거야?!" 하고 외치는 것은 상대방이 같은 사람이라고 생각하기 때문이다. 하지만 겉모습이 확연히 다르면 좀처럼 그런 생각은 못하게 된다. '다른 게 당연하니까' 조금이라도 같은 부분을 발견하게 되면 오히려 반가운 생각이 들 것이다.

그럼 일본에 사는 우리들은 겉모습이 비슷하다고 해서 생각하는 것도 비슷할까? 조금 냉정히 생각해보면 그런 일은 없다는 걸 곧 알게 된다. 된장국 간보기부터 목욕물 온도, 밥물 맞추기까지 같은 일본인이라는 말로는 극복할 수 없는 일들이 많이 있다.

나는 극단을 20년 동안 맡아왔다. 그럼에도 20년 동안 알고 지낸 배우의 발언에 놀라는 일이 아직도 벌어진다. "너 그런 생각을 하고 있었어?!" 혹은 "그런 식으로 생각하는구나." 하고 놀라는 것이다. 극단 창단부터 처음 수년간은 두 번의 명절 외에는 매일 10시간 가까이 연극 연습을 같이 했다. 그 후에도 매년 두 번의 공연으로 5개월에서 6개월 가까이 내내 함께 지낸다. 형제 이상의 친밀한 시간을 보냈다고 생각하지만 그래도 모르는 일, 놀라는 일이 있다.

상대를 완전히 이해했다고 생각하는 우리 인간의 이해력이란 뻔한 것이다. 인간은 변해가는 존재인 만큼 상대는 여전히 모르는 부분이 분명히 존재한다.

상대방과 계속 연극을 해나가고 싶기 때문에 (즉, 받아들이려고 하기 때문에) 상대방은 여전히 '타자'이다. 아무리 오래 교제를 한다 해도 상대방이 '말하지 않아도 이해해주는 또 하나의 나'가 되는 일은 없다.

신뢰와 의존은 다르다

물론 상대를 '신뢰'한다는 것은 있다. '타자'로서 완전히 받아들일 수는 없는 상대지만 상대방이 하는 일을 우선 '신뢰'하는 것은 인간관계에서 자주 있는 일이다. '그 사람이 말하는 거니까 믿자' 혹은 '그 사람의 제안이니까 해보자' 등의 경우이다.

나 역시 연극 동료를 '신뢰'하고 있다. 그렇지만 그것은 '말하지 않아도 이해해주는 또 하나의 나'라는 뜻이 아니다. 역시 '타자'

인 것이다.

신뢰와 의존은 다르다. 의존이란 상대의 제안을 무조건 믿는다는 뜻이다. 그것은 상대가 '말하지 않아도 이해해주는 또 하나의 나'라고 단정하는 것이다. 신뢰는 상대의 발언을 냉정하게 생각하면서 가설로서 상대의 제안에 응하는 일이다.

가족을 생각하면 더 이해하기 쉬울지도 모른다. 아무리 오래 함께 살았어도, 얼굴이 닮았어도, 가족은 자신에게 있어 역시 '타자'이다. '가족이니까 서로 이해할 수 있다' 또는 '부모가 자식에 대해 가장 잘 알고 있다' 등의 귀에 익은 말들을 믿어서는 곤란한 상황이 벌어지기도 한다. 그것은 희망사항으로서 가족이기 때문에 그랬으면 하는 바람이다. 기분은 잘 알겠지만, 그러나 그것은 거짓에 가깝다.

아직 어린 나이에는 가족이 '타자'로서 나타나는 일은 드물다. 응석받이에게 부모는 '말하지 않아도 이해해주는 또 하나의 나'가 되어준다. 혹은 지나치게 엄한 부모 밑에서 자랐다면 당신은 '부모의 로봇'으로 지내온 것이다.

하지만 결국 당신은 어른이 되고 당신의 판단과 부모의 판단이 어긋나기 시작하는 시기가 온다. 그때 가족은 '타자'가 된다. 취직이나 연애, 결혼, 독신 생활이 주제가 되었을 때 가족은 강력한 '타자'로 출현할 수도 있다. 그때 줄곧 같은 시간을 살아왔으면서 왜 이렇게 생각이 다를까 하며 서로에게 어리둥절하다.

하지만 인간이란 그런 것이다. 서로 다른 것이 당연하며 그래서 대화를 하는 거라고 생각하면 허무함도 덜하고 긍정적인 에너지가 나올 것이다.

'남자는 여자를 모른다' 또는 '여자는 남자를 이해하지 않는다'와 같은 현혹되기 쉬운 말을 믿어서는 곤란하다. 남자는 여자를 모르는 것이 아니다. 남자는 여자도 모르고 남자도 모른다. 여자는 남자를 이해하지 않는 게 아니라 여자도 이해하지 않는다. '남자는 여자를 모른다'고 말하는 남자는 사랑에 빠져 비로소 눈앞의 여성을 이해하고 싶어진다. 즉, 태어나서 처음으로 진심으로 이해하고 싶다고 생각한 대상이 눈앞의 여성이다. 그때까지는 같은 학교의 동성 선배를 그렇게 깊게 이해하려고 한 적이 없었다.

선배와 함께 레스토랑에 들어가 선배가 토마토를 남겼을 때, "선배, 토마토 안 드세요?"라고 물어 선배가 "나 토마토 못 먹어."라고 대답해도 마음속에 '선배는 토마토를 못 먹는다.'라고 기록해 두지 않았다. 하지만 사랑에 빠져 눈앞의 여성이 "나 토마토 못 먹어."라고 지나가는 말로 중얼거리면 틀림없이 마음속 메모에 깊이 새겨둘 것이다.

다시 말해, 남성의 경우 처음으로 이해하려는 상대가 여성인 경우가 많고 여성의 경우 남성인 경우가 많다.

그리고 '타자'로서 이해할 수 없으니까 '남자는 여자를 모른다' 혹은 '여자는 남자를 모른다'고 투덜거린다. 하지만 그것은 정확히 말하면 '인간은 인간을 모른다'이다.

부모 자식 관계에서 처음으로 갈등을 겪는 자녀는 '어른을 이해할 수 없다'고 말하고, 형제간에 갈등이 생긴 경우는 '형제는 타인의 시작'이라고 투덜댄다. 평균적으로는 가족 관계보다 연인 관계 쪽에서 처음으로 '타자'와 부딪히는 사람이 많은 것 같다. 처음으로 좋아하는 사람을 이해하기 위해 맹렬히 고민하여 상대방이 '타자'가 되는 것이다.

＊ 사람이 서로 이해하는 것은 기적에 가깝다.
＊ 기분보다 이해, 애정보다 정보가 중요하다.

16

선물은 주는 사람의
마음을 넓힌다

힘을 빼야 하는 이유

앞에서 나는 '가짜 고독'에 무너질 것 같을 때는 몸의 중심을 낮
출 것을 권유했다.

그렇다면 '부정적인 불안'에 짓눌릴 때는 어떻게 해야 할까? 그
럴 때 우리는 몸 어딘가에 불필요한 힘이 들어가 있는 경우가 많
다. 싫은 사람을 만날 때나 남 앞에서 긴장할 때, 당신의 몸은 매
번 같은 곳에 힘을 주어 스트레스를 극복하려 한다. 그러다 보면
그곳은 늘 비명을 지르게 된다. 어깨 결림이나 요통에 시달리게
되는 것이다.

그러니 우선 어디에 항상 힘이 들어가는지 확인해볼 필요가 있다.

견딜 수 없이 괴로울 때 당신의 몸 어디에 힘이 들어가 있는가? 찾았으면 천천히 힘을 빼라. 그 부분의 힘을 빼려고 의식하기만 해도 인간의 몸은 상당히 힘이 빠진다. 그렇게 하면 일단 몸이 편안해짐을 느낄 수 있다. '타자'를 대할 때 당신은 시달리고 긴장해서 몸 어딘가에 힘을 주게 된다.

화장실에 있을 때, 신호를 기다리고 있을 때, 습관적으로 굳어지는 부분을 의식해서 힘을 빼보기 바란다. 그것만으로도 당신의 몸은 한결 편안해지며 에너지가 생긴다.

불안의 습성

'부정적인 불안'에 휘둘리는 것은 그 불안 자체를 의식하기 때문이다. 불안 자체에 집중해서 생각하면 생각할수록 불안은 성장한다. 아무도 비행기가 추락할 것을 걱정하지 않는다고 생각할 수 있으면 좋은데 그렇게 생각할 수 없을 때는 불안에 포커스를 맞추지 않는 방법을 자기 나름대로 찾아야 한다.

괴로워 견딜 수 없거나 불안해서 안절부절못하게 되면 누군가에게 뭔가를 주는 것도 효과적이라고 심리학자들은 말한다. 무엇이든 괜찮다. 물건이라도 좋고, 이야기도 좋고, 우리는 그것을 '선물'이라고 부른다. 웃는 얼굴도 선물이 된다.

누군가에게 무언가를 주려는 생각만으로도 당신은 자연스럽게 불안에 집중하지 않게 된다. 그리고 이 방법이 멋진 것은 선물을 주는 관계이기 때문에 결국 선물의 답례가 올 가능성이 있다는 점이다. 물론 답례를 기대하고 그러는 건 아니다.

불안에 시달리는 사람은 모두 '자기 세계'만으로 시달리곤 한다. '자기 세계'에 초점을 맞추고 고민을 지속하지만 그 세계는 넓어지지 않는다. 그 결과 자신의 불안만을 계속 들여다보게 된다. 그리고 불안은 자란다.

내가 아는 사람 중에 극도로 불안해지면 꼭 다른 사람을 집으로 초대해 식사를 대접하는 여성이 있다. 식사를 준비하는 과정에서 마음이 누그러지고 상대방은 기뻐하고, 그러다 보니 인간관계도 넓어지고. 일석 몇 조나 되는 방법인지 모르겠다.

이 방법을 이용하기 전에 그녀는 극도로 불안해지면 혼자 방에서 와인을 마시면서 울곤 했다고 한다. 그녀는 술이 센 사람이라 취하면 취할수록 불안을 의식하게 되었고 고통은 더 커졌다고 한다. 그녀는 스스로 이렇게 계속해서는 안 되겠다고 결심하고 사람을 초대하게 되었다고 한다. 무엇보다 그녀가 현명했던 것은 음식을 만들어 사람들과 자연스럽게 교류의 장을 만든 것이다.

불안해서 못 견딜 때면 친구에게 전화를 하는 사람도 있었다. 그는 심야에 몇 번이고 전화를 하는 사람이었는데 그는 상대방에게 어떤 선물도 내놓을 줄을 몰랐다. 이는 한 쪽에서 일방적으로 기대기만 하는 관계이다. 어느 누구도 선물을 기대하진 않는다. 그러나 한 쪽이 기대기만 하는 관계는 매우 부자연스런 관계이며 오래 지속될 수 없는 관계인 것은 분명하다.

그녀가 요리를 좋아하고 요리를 잘하기 때문에 사람들은 그녀의 집을 찾은 것이다. 그녀는 자신의 불안을 잊게 해주는 사람들에게 맛있는 요리라는 선물을 준 것이다.

불안을 줄이려면 무엇보다 자신에게 집착하는 것을 줄여야 한다. 자신에게 집착할수록 불안은 자꾸 커지는 습성이 있다.

친구의 선물

나는 중학교 때 몇몇 친구들과 '한가한 사람들의 모임'이라는 그룹을 만들어 놀았던 적이 있다. 같이 뭔가를 한다기보다 남자들 몇 명이 모여 재미있는 소설이나 음악, 영화에 대해 이야기를 나누는 모임이었다. 그 후 우리는 뿔뿔이 흩어져 고등학교에 진학하고 대학에 들어갔지만 1년에 한 번 설날에 모여 그때처럼 자기가 읽고 본 소설이나 영화, 연극, 음악 등을 이야기했다. 그때의 모토는 '각자 선물을 준비해서 만나는 관계'였다. 정보도 '선물'임에는 틀림없었다. 우리는 자신이 재밌다고 생각할 뿐 아니라 상대도 재밌어할 것을 찾으려 했다. 사회인이 되어서도 그 관계는 10년 이상 계속되었다.

어느 날 멤버 중 하나가 문득 "선물을 가지고 오는 것도 보통 일이 아니야." 하고 투덜댄 일이 있었다.

"무슨 소리야?" 하고 천진난만하게 묻자, 그는 이렇게 대답했다.

"평범한 소설을 권해주면 시시하잖아. 누구나 아는 작품을 소개한다면 '선물'이라고 하기도 그렇고. 정보지에 실려 있을 법한 코멘트를 하는 것도 식상하고. 그래서 나는 설날이 다가오면 재밌으면서도 너희들이 아직 모를 만한 작품을 찾느라 정말 애먹는다니까."

나는 그 친구가 그렇게 뒤에서 노력하고 있는 줄은 꿈에도 몰랐다. 항상 평소와 다름없는 얼굴로 내가 모르는 재밌는 소설을 소개하는 대단한 녀석이라고 생각하고 있었다. 그는 15년 넘도록 말없이 그 작업을 하고 있었던 것이다.

물론 나도 많든 적든 그런 일을 해왔다. 하지만 나는 영화나 연극을 보거나 소설을 읽는 것 자체가 나의 일이다. 그렇게 해서 자극적인 작품을 만나는 일은 내게 늘 있는 일이다.

하지만 이런 업계가 아닌 샐러리맨인 그가 나도 모를 만한 재밌는 소설을 찾는 노력은 상당한 것이었으리라 생각한다. 그 모임이 사회인이 되어서도 자극적이었던 것은 그의 그런 노력이 있었기 때문이다.

그가 멋지게 보이는 것은 '재밌는 소설 모르는데……' 하고 고민하는 것이 아니라 '그럼 찾아보자' 하고 생각하는 스타일이었기 때문이다. 그는 생각하고 실행했다. 그리고 '선물'을 건넨 것이다.

* 자신에게 집착할수록 불안은 커진다.
* 누군가에게 '선물'을 주는 순간 자기만의 세계에서 빠져나올 수 있다.

17
인간관계의 거리는
어느 정도가 적당한가

사람에게 자신 있는 사람은 없다

나는 연출가로서 종종 "고카미 씨는 인간관계를 잘하시죠?"라는 말을 듣는다. 그들은 "인간관계를 좋아하시는 거죠?"라는 말도 덧붙인다. 하지만 인간관계에 유독 능숙하거나 좋아하는 사람은 없다고 생각한다. 누구나 자신이 인간관계가 서툴다고 생각할 것이다. 나도 물론 그렇다.

만일 인간관계에 자신이 있다고 생각하는 사람이 있다면 그 사람은 너무 경솔한 사람이다. 인간관계에서 어려운 것은 서로의 거리이다. 대부분 너무 떨어져 있거나 너무 가깝다.

거리가 먼 이유는 분명하다. 상처받기 싫기 때문이다. 관계가 약한 연애도 그렇다. 사귀는 기간이 길어봐야 일주일로서, 그런 만남을 반복하는 사람을 그 전형이라고 할 수 있다.

상처받기 싫으니까 가능하면 깊은 대화는 하지 않고, 커뮤니케이션이 농밀해지지 않도록 가능한 한 얕게, 거리를 두고 대화를 하려고 한다. 그것은 어쩔 수 없다고도 말할 수 있다. 인간은 어떻게 해도 인간에게 상처를 준다. 그렇기 때문에 인간관계에서 상처받으면 "이제 인간은 됐어." 하고 거리를 두려는 것도 어쩌면 자연스러운 일인지도 모른다.

가끔 다큐멘터리 프로그램을 보면 산에서 혼자 살고 있는, 사람을 싫어하는 사람이 나온다. 여러 가지 이유로 인간을 싫어하게 되어 더 이상 인간 사회에 살지 않기로 결심한 사람일 것이다.

대부분 산에 은둔하는 사람은 개나 다른 동물과 함께인 경우가 많다. 그는 개에게 계속해서 말을 건다. 꼭 개가 아니어도 나무든 닭이든 마치 파트너처럼 그는 동식물을 상대로 말을 건다. 사람을 싫어하는 사람에게 개는 그냥 개가 아니다. 의인화된 존재이다. 요컨대 그에게 있어 개는 개가 아니라 사람인 것이다.

사람에게 상처받고 방에 틀어박혀 지내는 사람은 사람과 직접 말하지 않아도 컴퓨터를 통해 사람과 대화를 나눈다. 사람과 대화할 수 있기 때문에 틀어박힐 수 있는 거라고도 말할 수 있다. 20여 년 전 가정 폭력이 문제가 되었을 때 인터넷은 발달해 있지 않았다.

아이들은 대화할 상대가 부모밖에 없고 부모니까 거칠어질 수밖에 없었다. 그러나 네트워크상에서 사람을 발견하자 더 이상 부모를 상대할 필요가 없어져 자기 방에 틀어박힐 수 있게 되었다.

사람은 사람과 대화하지 않으면 살아갈 수 없다. 이 경우 직접적인 인간관계는 매우 먼 거리이다. 하지만 인터넷상의 게시판이나 메일에서는 갑자기 거리가 가까운 인간관계가 되기 십상이다. 아주 수다스러워지기도 하고, 농담을 하거나 심한 욕을 하는 적극적인 인간관계로 바뀌는 것이다. 그것은 일반적인 커뮤니케이션에서라면 지나치게 가깝다거나 지나치게 열정적이라는 말을 듣는다.

인터넷상에서는 사람이 변한다고들 하지만 실은 너무 멀었던 거리가 너무 가까워지는 것일 뿐, 적정한 관계를 맺지 못한다는 시각에서 보면 동일하다는 것을 알 수 있다.

현실에서도 지금까지 지나치게 정중했던 사람이 갑자기 예의 없는 말투가 되거나 그룹 안에서 존재감이 약했던 사람이 어떠한 계기로 갑자기 폭발해서 다른 멤버들을 놀라게 하는 일도 흔히 있다. 회식 자리에서 처음에는 지나치게 소극적이고 내성적이었다가 도중에 거침없이 비판과 불평을 쏟아놓는 사람도 흔히 있다. 사람들은 대부분 그런 경우에 '술버릇이 안 좋다'고 하지만, 그것은 '적절한 거리를 두지 못해 애를 먹고 있는, 그래서 술의 힘을

빌려 내성적인 자신에서 적극적인 자신으로 갑자기 거리를 바꾼'
사람일 따름이다.

가정 폭력보다 이전 시대에, 사람들은 더 사람들과 충돌했던 것
같다. 시대로서는 교내 폭력이라든지 학생 운동 등이 있던 시대이
다. 윗세대의 말을 들어보면 자랄 때 학교에서나 가정에서나 윗사
람이 소리를 지르거나 때리고 들볶는 일은 지금보다 훨씬 흔했다.
'요즘 젊은 녀석들은 소리 좀 지르면 바로 회사를 그만둔다. 그대
로 관두는 녀석도 많다'고 나이 지긋한 어른들의 탄식도 자주 들
을 수 있다. 이제 막 중학교 교사가 된 사람이 첫 날 학생에게 "바
보!"란 소릴 듣고 그 날로 교사를 그만둔 사람이 있다고 어느 나
이 드신 교감 선생의 말을 들은 적이 있다. "우리 때라면 믿을 수
없는 일이지."라고 교감 선생은 말씀하셨다.

사람과의 거리 조절법

인간관계가 너무 멀거나 너무 가까운 경우는 그때그때 현장에서
수정해나갈 수밖에 없다. 거리감을 조절하는 것이다. 운동이나
다른 학습처럼 인간관계도 배워나가는 것이다. 처음부터 적절한
거리를 둘 수 있는 사람과 서툰 사람이 따로 있지 않다. 연습해서
잘하게 되는 것이다.

우선 물리적인 실제 거리에 주목하기 바란다. 인간관계가 먼 사람은 실제로 상대방으로부터 먼 거리에 서곤 한다. 좀처럼 다가가지 않는다. 반면에 인간관계가 너무 가깝고 열정적인 사람은 물리적인 거리도 짧아지기 십상이다.

인간에게는 세 개의 거리가 있다. 모르는 사람과 말하는 거리, 아는 사람과 말하는 거리, 사랑하는 사람과 말하는 거리가 그것이다. 사람마다 미묘하게 거리는 다르지만 아는 사람이 되어도 모르는 사람과 말하는 거리를 계속 유지하는 사람이 있고, 초면에도 사랑하는 사람과 말하는 거리까지 다가오는 사람이 있다. 우선 이 세 개의 거리감을 직접 확인하기 바란다.

'내가 모르는 사람과 말할 때 가장 편하고 안심이 되는 거리는 2미터구나' 혹은 '나는 아는 사람과의 거리는 1.2미터 정도가 보통이구나' 혹은 '사랑하는 사람과의 거리는 60센티미터구나' 하는 인간관계의 거리를 확인해보라. 자신이 편안하고 자연스럽게 느끼는 거리를 의식하면서 다른 사람이 말할 때의 거리를 살펴보라. 당신의 인간관계의 거리를 알게 된다.

자신이 인간관계에 소극적이라고 생각하는 사람은 상대방과 말할 때 실제로 상대방에게 가까이 다가가 거리를 조금 좁혀보기 바란다. 남들에게 '성가시다'는 소리를 듣곤 하는 사람은 실제로 상대방과 거리를 두어 조금 떨어져보라.

눈앞에 있는 사람의 기분을 도저히 알 수 없을 때는 상대방의 호흡에 주목하는 방법도 있다. 말하면서 상대방이 눈치 채지 못하게 상대방의 호흡에 맞춰보는 것이다. 상대방이 숨을 들이쉬면 당신도 들이쉬고 내쉬면 당신도 내쉬는 것이다. 상대방과 같은 호흡을 함으로써 어떤 기분이 되는지 느껴보라. 절대적인 것은 아니지만 상대방의 컨디션을 알게 될 때가 있다.

상대는 웃고 있는 것 같지만 실은 매우 초조해하고 있다는 것을 눈치 챌지도 모른다. 걱정하는 척하면서 매우 냉정한 성격일지도 모른다. 머리로 상대를 이해하려는 것이 아니라 호흡으로 상대를 아는 것이다. 이것은 상대를 깊이 이해해가는 레슨이다. 그리고 '타자'에게 다가가기 위한 연습 중 하나이다.

＊ 인간관계의 거리감은 실제로 말하는 상대와의 거리로 파악할 수 있다.
＊ 말하는 상대와 호흡을 맞춰 몸으로 상대를 이해한다.

18
자의식을
다루는 법

자신에 대한 지나친 생각

우리는 너무도 '순진하고 상처받기 쉽고 내향적이고 섬세한' 존재
들이다. 어느 세대랄 것 없이 모든 인간의 성향이 그렇다. 거기에
는 다양한 이유가 있다.

우선 아이들의 수가 줄었다는 현실적인 이유가 있다. 형제나 교
실 친구가 많으면 일일이 상처받고 있을 시간이 없다. 적절한 거
리를 찾고 있을 시간도 없다. 그러고 있다가는 뒤처지고 만다. 형
제 사이에서라면 반찬을 모두 빼앗길 것이고, 교실에서라면 완전
히 무시당해 눈에 띄지 않는 녀석으로 끝나고 만다.

베이비 붐 세대처럼 한 반의 학생 수가 많으면 고민을 하거나 생각을 하기 전에 일단 인간관계에 뛰어들 수밖에 없게 된다. 그것은 마치 물 앞에서 '헤엄칠 수 있을까, 어떻게 하면 좋을까?' 하고 고민하고 있는 아이를 갑자기 풀에 던져 넣는 것 같은 방법이다. 하지만 그 후로 외동이가 늘어남으로써 생존 경쟁이 사라지고 인간관계의 크고 작은 분쟁에 대한 면역이 없어졌다. 동시에 외동이거나 형제가 적음으로써 매우 귀한 존재가 되었다. 그 결과 '고독과 불안'의 레슨을 받을 기회가 현저히 줄어들고 말았다.

실제로 외동아이에게 부모와 외조부모, 친조부모까지 모여 번갈아가며 밥을 먹이고 있는 유치원 운동회의 풍경은 흔해졌다. 나는 이 여섯 어른들에게 주목받고 있는 한 명의 아이에게 동정이 느껴진다. 아이는 '혼자'인 시간이 극단적으로 부족한 채로 성장해갈 것이다. 어른이 되었을 때 얼마나 혼자 있기를 싫어할까, 혼자임에 얼마나 약할까 하는 걱정 때문이다.

하지만 그것은 아이의 책임이 아니다. 그것은 부모와 조부모에게 사랑을 받은 결과이다. 부모와 조부모에게 '사랑해서는 안 된다'고 말할 수는 없다. 성장한 뒤에 아이는 스스로 '고독과 불안'을 관리하는 수밖에 없다.

오늘날 대부분의 사람들은 아주 곱게 자라 고독의 면역이 없는 채로, 다툼의 시행착오도 없이 성장해간다. 인간관계의 적절한 거리를 두지 못하게 되는 것도 당연한 일이다.

매스컴이 '자의식'을 일깨우고 성장시켰다는 이유도 큰 것 같다. 매스컴은 매일 '자신에 대해 생각하기' 위한 방대한 정보를 우리에게 준다. 멋 내기에 관한 정보, 연애, 음식, 일, 금전, 사건 등 정보는 그 양을 헤아리기 힘들 정도이다. 거기에 TV 드라마와 영화, 연극이 다양한 인생의 가능성을 가르쳐준다. 그것들을 많이 알면 알수록 우리들은 자기 자신에 대해 더 다양한 관심거리를 창조한다. 이런 현실에 살며 자신의 발언이나 자신의 미래나 자신의 인생에 민감해지지 않는 사람이 있다면 오히려 이상한 것이다. 그렇게 자신에 대해 생각할수록 '자의식'은 성장한다.

'고독과 불안'은 '자의식'과 매우 밀접한 관계에 있다. '자의식'이란 '자신이 자신을 바라보는 마음'을 말한다. 자신에 대해 생각하는 시간이 길수록 '자의식'은 커지게 되어 있다. '자의식'이 강할수록 우리는 자신의 '고독과 불안'에 집중하고 그것을 성장시킨다. 이 상태를 피하기 위해서는 미디어로부터 도망치는 것도 중요하다. 구체적으로 말하면 TV를 켜지 않는, 컴퓨터를 켜지 않는, 라디오를 켜지 않는 그런 시간을 갖는 것이다.

집에 돌아가 무조건 TV를 켜거나, 컴퓨터를 켜거나, 라디오를 켜서 정보를 무조건적으로 받아들이지 말 것, TV를 끈 다음의 정적은 일순 쓸쓸하지만 예민해져 있는 자의식을 진정시킬 수 있다. 자의식의 사슬을 풀고 느긋해지는 방법을 찾는 것이다. 내가 발견한 느긋해지는 방법은 좋아하는 초밥집에 가는 것이다. 최근 발견한 초밥집은 우선 맥주 안주로 다양한 것을 적당히 내어주는데 이것이 아주 내 취향에 맞고 게다가 진귀한 것이 가끔 나오기 때문에 늘 설렌다. 업무 트러블이나 불안 등 많은 문제들이 있어도, 이번에 기면 무슨 메뉴가 나올까 하는 설렘으로 한동안 불안을 잠재울 수가 있다. 그 초밥집은 가격도 비싸지 않아 가족 단위의 손님들도 자주 눈에 띤다. 합리적인 가격에 럭키백처럼 무엇이 나올지에 대한 설렘으로 아주 느긋해질 수가 있다.

몸의 속도로 살아라

자의식을 발전시키면 계속해서 예민하고 민감해진다. '자신에 대해 생각하는 것'뿐 아니라 '자신에 대해 생각해서 자의식 과잉이 되어 있는 자신을 생각한다'는 레벨로도 진화한다.

즉, '자신에 대해 계속 생각하고 있는' 것이 레벨1의 자의식이라면 '아, 지금, 나는 자의식 과잉인 것 같다. 어떻게 하면 좋을까? 나의 이 자의식을 어떻게 하면 좋을까? 나는 이렇게 자의식이 강한 게 싫다'고 자신의 자의식 과잉 상태를 의식하는 레벨2의 자의식을 갖는 일도 있다. 다시 말해, 자의식을 갖는 자신은 부끄럽다고 생각하는 또 다른 자의식이다.

또, 더 나아가 '자의식을 갖고 있는 자신을 부끄럽게 생각하는 자의식을 갖고 있는 자신이 부끄럽다'는 레벨3의 자의식을 갖는 사람도 있다. '자기만 의식하고 있는 자신이 부끄럽다고 생각하는 자신'을 부끄럽게 생각하는 자의식이다.

이런 인생을 사는 것은 여간 힘든 게 아닐 것이다. '자의식'을 계속 의식하면 자의식은 여기까지 성장한다. 이렇게 되지 않기 위해서는 끊임없이 자신에 대해 생각하는 자의식을 진정시킬 필요가 있다.

취미를 갖는 것도 아주 중요하다. 그것도 사람을 상대로 하지 않는 취미 말이다.

가끔 이제 막 배우가 된 사람이 내게 찾아와 자신에게 충고를 부탁할 때면 나는 그에게 이런 말을 들려주곤 한다.

"이제부터 힘겨운 시간이 시작된다. 배우는 실업을 전제로 하는 직업이니까. 불러줄 때까지 기다리는 것이 기본이다. 그렇기 때문에 무척 불안해진다. 아무것도 하지 않고 있는 시간에 대한 불안 때문에 망가져가는 배우도 많다. 그러니까 기다리는 시간을 무언가로 달래지 않으면 해나갈 수가 없다. 하지만 마음을 달래는 방법을 사람에게서만 찾지 않는 것이 좋다. 연인과 만나면 마음이 편해지겠지만 인간이란 트러블이 있게 마련이다. 꼭 그런 시기에 감당해야 할 어려운 일이 오곤 한다. 그런 때 인간관계로 컨

디션도 나빠지고 일도 제대로 못할 수도 있다. 그렇기 때문에 사람과는 관련 없는, 마음을 달랠 만한 방법을 따로 가지고 있는 편이 좋다."

그것은 그림을 그리거나 악기를 연주하는 일일 수도 있고, 바둑이나 독서 같은 것이 될 수도 있다. 취미에 열중할수록 자신에 대해 생각하는 시간을 줄일 수 있다. 사람 이외에 무언가에 집중함으로써 자의식과 불안도 줄어들게 된다.

몸을 움직이는 것도 자의식을 진정시키는 데 도움이 된다. 업무로 머리를 썼다면 비슷한 정도로 몸을 쓰는 것이 이상적이다. 운동할 시간이 부족하다면 회사나 학교에서 돌아오는 길에 한 정거장 정도 걷는 것도 좋은 방법이다. 그날 그날 머리와 몸의 균형을 맞추는 것이 이상적이다.

그것은 정신을 안정시키는 방법이기도 하다. 불안에 쉽게 휘둘리지 않는 방법이다. 운동을 하면 몸이 활성화되어 몸과 대화가 시작된다. 우리는 머리의 속도로 인생을 생각하려 하지만 몸은 머리의 속도로는 변환이 불가능하다. 몸의 속도를 무시하고 머리로 만사를 진행시키려 하면 불안은 커진다.

운동이나 운동 경기를 하는 것은 당신이 당신의 몸과 대화를 시작하는 것이다. 자신의 몸은 얼마나 머리와 달리 느린지, 변하기 어려운지, 그것을 자각하는 것은 당신이 안심하고 느긋해지는 길밖에 없다.

몸과 대화한다는 것은 자신의 몸이 자신의 정신과 밀접하게 연결되어 있다는 것을 느끼는 일이다. 자의식에 시달려 절망적인 기분이 되어 잠 못 이루는 밤을 보냈더라도 아침에 창가에 서서 눈부신 아침 해가 떠오르는 순간을 만나면 기분은 신기하게도 위로를 받는다. 막막한 밤에 문득 창문을 열고 시원한 바람이 뺨을 어루만지면 자연스레 미소가 떠오른다. 비가 그친 뒤 물기를 머금은 평온한 자연 속을 거닐면 뭔가 좀 더 살아보자 하는 생각이 든다. 문제는 아무것도 해결된 것이 없지만, 몸이 자연스럽게 감응하고 몸 깊은 곳에서 살아갈 에너지가 배어나오는 것이다. 격렬한 자의식이라는 정신의 미궁에 빠졌을 때는 에너지 넘치는 몸을 앞장세워보라. 그리고 얼마 동안 몸의 보조에 맡기는 것이다. 그렇게 몸의 지혜를 믿는 것도 중요한 일이다.

＊ 자의식의 사슬을 느슨하게 하는 방법을 익힌다.
＊ 사람을 상대로 하지 않는 취미를 갖는다.
＊ 몸을 움직여 몸과 대화한다.

19

지금의 나와
되고 싶은 나

잔소리가 심한 '되고 싶은 나'

자의식이 강해질수록 인간은 자신의 말과 행동, 성적이나 지위
에 점점 민감해진다. 민감해질수록 '지금의 나'와 '되고 싶은 나'
는 멀어지게 된다.

'지금의 나'란 현실의 자신이다. 일이 순조롭게 풀리지 않고, 실수
가 연속되며, 인간관계에도 서툰 현재의 자신이 '지금의 나'이다.

'되고 싶은 나'란 이상의 자신이다. 성공을 거듭하는, 인간관계에
도 능숙한 이상적인 자신이다.

자의식이 강해지면 '지금의 나'가 뭔가 말하려 할 때 '되고 싶은 나'
가 이것저것 참견을 시작한다. 비판하는 것이다.

'나는 작가 XX를 좋아한다'고 남들 앞에서 말하려 하면 '되고 싶은 나'가 끼어들어 '그런 이름을 말해도 돼? 놀림 당하지 않을까? 왜 더 훌륭한 작가 이름을 대지 않는 거야? XX라니 안 돼. 왜 OO의 작품을 안 읽은 거야?' 하고 일일이 간섭을 하는 것이다.

그리고 '되고 싶은 나'에게 너무 심하게 공격을 받으면 '지금의 나'는 아무 말도 못하게 된다. 그 결과 인간관계는 아주 서먹서먹해진다. 아무 말도 못하고, '되고 싶은 나'가 '지금의 나'를 형편없다고 말하기 때문에 인간관계를 맺을 용기도 못 내는 것이다. 자의식의 레벨이 올라가는 상태이다.

인터넷상에서 익명이 되면 '지금의 나'를 무시하고 '되고 싶은 나'가 발언할 수 있다. '지금의 나'를 들킬 일이 없기 때문에 '되고 싶은 나'가 직접 등장할 수 있는 것이다. '되고 싶은 나'는 이상 속의 자신이기 때문에 자신감이 넘친다. 얼마든지 달변가가 될 수 있고 무슨 말이든 할 수 있다. 주저함이 없다.

그것은 비현실적인 인간관계라고도 말할 수 있다. 이 상태가 지속되면 결국 '지금의 나'를 망각하고 '되고 싶은 나'만이 인터넷상에서 살고 싶어지게 된다.

하지만 그런 일은 현실적으로는 불가능하다. 현실의 육체를 버리고 존재할 수는 없기 때문이다.

눈앞에 있는 사람에게 물어라

내 강의 중에는 '표현 레슨'이라는 강의가 있다. 어느 날 워크숍 강의에 오랫동안 학교에 나오지 않던 한 학생이 참가했다. 그의 모습은 처음부터 다른 사람들과 달랐다. 겁먹은 듯한 얼굴로 늘 무언가를 내려다보고 있었다. 순서대로 소리를 내는 레슨이 있었는데 그는 큰 소리가 나오지 않았다. 소리를 내면서 그가 무슨 생각을 하고 있는지 나는 알 것 같았다.

그는 '이 정도면 되나요? 이런 목소리라도 괜찮나요? 안 되겠지요? 더 큰 소리로 해야겠지요? 하지만 잘 못 내겠어요. 저 같은 사람은 참가하면 안 되는 거였을까요?' 하는 생각을 하고 있는 것 같았다.

자의식 레벨2, 즉 자의식을 부끄러워하는 자의식을 가지고 있는 것처럼 느껴졌다.

나는 프로 워크숍 리더로서 이런 경우 어떤 게임을 통해 골치 아픈 레벨2의 자의식을 중단시키는 순간을 만들려고 한다. 여러 가지 게임을 하다 보면 게임에 열중하게 되어 자의식의 주술로부터 문득 해방되는 순간이 찾아온다.

너무 쉽거나, 너무 어렵지 않고, 너무 주목받지도 않으며, 너무 무시당하지도 않는 게임을 선택해야 하기 때문에 나름 어렵지만 몰입하면 자의식은 한순간 사라진다. 그것은 '지금의 나'와 '되고 싶은 나'의 끊임없이 계속되는 대화를 멈추게 할 계기가 될 수 있다. 자의식을 지속적으로 가지고 있다는 것은 괴로운 일이다. 인간의 너무 강한 자의식은 답답하게 느껴진다. 해방되지 못하기 때문에 답답한 것이다. 하지만 그것 역시 시간을 들이면 전혀 불가능한 싸움도 아니다.

그 학생은 줄곧 주변과 대화를 한 것이 아니라 자기 안에서 대화를 해왔다. '지금의 나'와 '되고 싶은 나'의 대화이다.

그에게 '지금의 나'는 말도 잘 못하고 자의식 과잉이며 편한 마음으로 게임에 참가하지 못하는 자신이다. 그에게 '되고 싶은 나'는 이상의 자신이다. 자신이 추구하는 모습, 말도 잘하고 게임도 잘하는 자신이다.

누구나 '지금의 나'와 '되고 싶은 나'는 차이가 있다. 다른 것이 당연하다. 문제는 '되고 싶은 나'가 점점 강해지고 '지금의 나'가 점점 약해지는 경우이다. 그것은 '지금의 나'의 마음속에 '고독과 불안'이 광풍처럼 몰아치는 상태이다.

워크숍에 참가한 학생은 바로 그런 상태로, '지금의 나'가 무엇을 할 때마다 '되고 싶은 나'가 불평을 해대고 있는 것 같았다. 본질적으로는 '지금의 나'의 상태가 자의식 충만한 상태인 것을 '되고 싶은 나'가 용서할 수 없었던 모양이었다. 그리고 용서할 수 없는데 '지금의 나'는 이러지도 저러지도 못하는 것을 또 '되고 싶은 나'가 용서할 수 없다고 화를 내고 있었던 것이다. 그에게 이 대화는 끝없이 계속되고 있었다.

하지만 게임이 무르익은 순간 그의 '지금의 나'는 눈앞의 게임 전개에 마음을 빼앗겼다. 눈앞에 있는 사람들의 움직임에 마음이 움직인 것이다. 그는 문득 자연스럽게 미소를 지었다. 이때 그의 '지금의 나'는 '되고 싶은 나'의 심한 잔소리를 무시할 수 있었다. 그것은 본인에게 있어서는 보기 드문 일이기 때문에 불안하지만 그래도 기분 좋은 일이었다.

그것은 대부분의 사람들이 그 상태를 다시 한 번 체험하려는 것을 보면 알 수 있다. 그것은 '되고 싶은 나'가 아니라 눈앞에 있는 사람들에게 관심을 집중했다는 의미이다. 거기에서 무엇이 보이기 시작할까?

눈앞에 있는 사람을 의식한다는 것은 다시 말해 눈앞에 있는 사람과의 거리를 의식한다는 것이다. '지금의 나'와 '되고 싶은 나'가 의논해서 눈앞에 있는 사람과의 거리를 정하는 것이 아니라, '지금의 나'가 눈앞에 있는 사람과 대화를 해서 거리를 정한다는 규칙을 우선한다는 뜻이다. 이 방법이 적절한 인간관계의 거리에 도달하는 유일한 방법이라고 나는 생각한다. 직접 상대에게 물어보는 것이니까 말이다. 그것은 상대의 반응을 살피며 거리를 정해 나가는 것이다.

상처받아 죽은 사람은 없다

직접 상대에게 묻는 것이란 '되고 싶은 나'가 "좀 더 적극적으로 말하라니까. 그렇게 못 할 바에는 아무 것도 하지 마."라고 '지금의 나'에게 말해 거리를 정하는 것이 아니라, '지금의 나'가 직접 상대방과 대화를 통해 거리를 정한다는 것이다.

"저, 적극적으로 말 못하는데요, 괜찮나요?"라고 솔직하게 물어야 한다.

"이런 곳에 와서 후회하고 있는데요, 아마추어인 제가 이런 워크숍에 참가하면 안 되는 거죠?" 하는 식으로 전부 말하지 않아도 상대의 반응에 따라 표현 방법을 수정해나가면 된다.

"이런 곳에 와서, 후회하고 있는데요……."까지만 말하고 주위 사람들이 수긍하는 반응을 보이는지 싫어하는지에 따라 그때그때 판단해도 된다.

물론 그것은 매우 상처받는 일이다. 항상 외부로 안테나를 세워야 하는 일이기 때문에 굉장히 상처받는 말을 듣거나 상대의 언짢은 기색을 눈치 챌 가능성도 있다.

하지만 나는 이렇게 말한다.

"괜찮아. 현실에 상처받아도 그것만으로 죽지는 않으니까. 상처받은 충격으로 죽은 사람은 없어. 만일 죽는다면 그건 상처받은 뒤 '되고 싶은 나'가 '지금의 나'를 몰아붙여서 '지금의 나'가 더 이상 살아 있을 의미가 없다고 자살을 선택한 경우지. 상대와의 거리를 재고 있는 도중에 상대에게 "난 네가 싫어."라는 말을 들어도 그 말을 들은 순간 충격으로 죽는 사람은 없어. 인간은 그렇게 약하지 않으니까. 게다가 평생 고독과 불안에서 도망칠 수 없다고 적극적으로 포기할 수 있다면 상대의 다소 심한 말도 견딜 수 있게 돼. 물론 고통스럽지. 고통스럽지만 '되고 싶은 나'의 지적이 눈앞에 있는 사람의 지적보다 몇 배나 가혹하거든. '지금의 나'를 자살로 내몰기까지 하니까."

이런 질문도 종종 받는다.

"나는 항상 친구와 얘기하다가 뒷북친다는 소릴 종종 듣습니다. 제 나름은 정말 재밌는 생각을 했는데 막상 말하고 보면 엉뚱하다는 반응입니다. 제가 생각해도 분명히 좀 타이밍이 안 맞는 것 같긴 합니다. 화제는 자꾸자꾸 진행되고 항상 제가 말하려고 생각한 것과 타이밍이 맞지 않는 겁니다. 어떻게 하면 좋을까요?"

나는 이렇게 대답한다.

"당신은 뭔가 재밌는 얘기가 생각나면 금방 말하지 않고 우선 '되고 싶은 나'에게 말을 걸죠. "이거 재밌을까?" 하고. 그리고 '되고 싶은 나'가 "응, 재밌어. 말해봐."라고 말해주면 그제야 말을 꺼내지요. 그런 시간 때문에 타이밍이 늦는 것입니다. 재밌는 얘기가 생각나면 즉시 얘기해야 합니다. '되고 싶은 나'에게 물어보지 말고 얘기를 나누고 있는 현실의 친구에게 물어보는 겁니다. 그렇게만 해도 타이밍을 놓치는 일은 없어집니다."

'지금의 나'가 메인, '되고 싶은 나'는 서브

배우 중에도 같은 증상을 가진 사람이 있다. 대사를 하나하나 자기 마음속으로 확인하면서 말하는 사람이다. 자신에 대한 것만 생각한 결과 그 자리의 분위기를 전혀 읽지 못하는 사람이다. 그것은 제멋대로인 것이 아니라 자기만 생각하다가 분위기를 파악하지 못하게 된 것뿐이다.

인간의 능력에는 한계가 있기 때문에 자신에 대한 것만 계속 생각하거나 분위기를 읽거나 둘 중 하나이다. 자신에 대한 생각을 멈추면 자연스럽게 분위기를 읽을 수 있게 된다.

'지금의 나'와 '되고 싶은 나'의 차이는 불안의 원인이 된다. '되고 싶은 나'가 '지금의 나'보다도 훨씬 강해지는 것은 현실이 뜻대로 흘러가지 않기 때문이다. 실패가 반복되면 '지금의 나'를 인정할 수 없게 된다. 그리고 '지금의 나'가 진짜 자신이 아니라 '되고 싶은 나'가 진짜 자신이라고 믿게 된다.

계속 차이기만 하던 남자가 자기 직업을 변호사라고 속이며 여자들을 유혹하는 행위가 전형적인 예이다. 아르바이트를 하고 있는 '지금의 나'를 부정하고 변호사라는 '되고 싶은 나'가 점점 자라가는 것이다.

하지만 '되고 싶은 나'를 갖는 것은 흔한 일이며 플러스로 작용하는 일도 많다. 스포츠에서 좀처럼 늘지 않는 '지금의 나'가 열심히 할 수 있는 것은 실력이 향상된 '되고 싶은 나'를 상상할 수 있기 때문이다. 불안을 느끼지만 그것이 바로 '긍정적인 불안'이다. '되고 싶은 나'가 존재하기 때문에 인간은 발전하려 하고 이상에 가까워지려 노력해서 변해갈 수 있다.

단, '지금의 나'가 어디까지나 메인이고, 서브인 '되고 싶은 나'를 상상하며 노력한다는 주종 관계가 중요하다. '지금의 나'와 '되고 싶은 나'의 위치 관계라고도 할 수 있다.

'지금의 나'보다 약간 위에 '되고 싶은 나'를 놓고 노력한 끝에 '지금의 나'가 '되고 싶은 나'의 위치에 도달하면 '되고 싶은 나'를 '지금의 나'보다 약간 위에 다시 위치시키는 것이다. 이것을 반복할 수 있으면 가장 이상적이다. 당신은 '긍정적인 불안'을 원동력으로 충실한 인생을 살 수 있을 것이기 때문이다.

오늘부터 조깅을 시작했는데 다음 주에는 갑자기 풀 마라톤 대회 출전을 목표로 하는 것은 '약간 위'가 아니다. '훨씬 위'이다. 그런 위치에 '되고 싶은 나'를 놓아버리면 '지금의 나'와의 거리가 너무 벌어져 고민할 수밖에 없다.

'되고 싶은 나'를 조금씩 '지금의 나' 위로 옮겨놓는 것이다. 조깅으로 비유하면 이해하기 쉬울 것이다. 첫날은 10분만 뛸 수 있으면 만족한다. 갑자기 한 시간이나 뛸 수는 없다. 10분을 15분으로, 15분을 20분으로, 조금씩 '되고 싶은 나'를 상향 조정하는 것이다.

'되고 싶은 나'가 '지금의 나'보다 밑에 있는 사람도 흔히 볼 수 있다. 예를 들면 "나 같은 건 어차피 안 돼, 바보야, 못생겼어."라고 하지만 충분히 매력적이고 영리한 사람인 경우이다. 다만 '자의식'이 너무 낮은 것이다. 이 경우도 현실의 인간과 대화하며 '지금의 나'와 '되고 싶은 나'의 위치 관계를 수정하는 수밖에 없다.

'되고 싶은 나'가 점점 커져서 '지금의 나'를 완전히 부정하게 되면 아주 골치 아파진다. '부정적인 불안'에 휘둘리는 상태가 된다. 그런 때는 '되고 싶은 나'에게 자기 자신의 몸과 만날 수 있는 기회를 만들어주어라. '되고 싶은 나'는 머리로 만들어낸 자신으로서 만능이다. 하지만 '지금의 나'는 몸을 수반하고 있기 때문에 속도가 느리다. '되고 싶은 나'가 너무 커졌다고 느끼면 일단 몸을 움직여 활성화시키고 몸의 한계를 '되고 싶은 나'에게 가르쳐주어야 한다.

자신만의 운동도 좋고 등산이나 하이킹, 마라톤, 조깅, 수영도 좋을 것이다. 자연 속으로 들어가는 것도 효과적이다. 바다 위에

떠 있기만 해도, 숲 속에서 숨만 쉬어도 좋을 것이다. 머리만 뜨거워져 만능의 자신을 느끼고 있는 상태를 몸이 사고하도록 넘겨주는 것이다. 충분히 쉬고 충분히 자는 것도 몸의 권리를 되찾는 일이다.

몸에게 사고를 넘기면 다음 단계는 '몸의 한계'를 실감하는 순서이다. 몸은 얼마나 쉽게 지치고 근육이 경직되는지 현실을 확인할 수 있다. 전력질주하면 평소 운동을 하지 않던 사람은 금방 숨이 차고 다리에 쥐가 날지도 모른다. '되고 싶은 나'는 끝없이 달릴 수 있지만 '지금의 나'는 별로 달리지 못한다. 당연하지만 그것이 인간의 본래의 모습이다. '되고 싶은 나'는 그런 자신의 한계를 깨달으며 조금씩 작아져가는 것이다.

몸이 자연스럽게 감응하면 다음으로 할 일은 자연 속에서 몸의 한계를 아는 것이다. 공상 속에 사는 '되고 싶은 나'에게는 한계가 없다. 인터넷상의 '되고 싶은 나'는 완벽해서 공상은 끝없이 펼쳐진다.

작은 승리의 가능성을 소중히 여기는 것도 효과적이다. 2킬로그램 감량에 성공했다고 치자. 당신은 조금 기쁠 것이다. 그 기쁨이 '작은 승리의 가능성'이다. 작은 승리를 거듭 맛보다 보면 조금씩 '지금의 나'는 자신감을 되찾고, '되고 싶은 나'는 현실에 더 가까운 모습으로 나타나기 시작한다.

실제로 무척 힘들던 시절, 나는 아침에 일어나 체중이 2킬로그램 줄어 있는 것을 보고 나도 모르게 미소가 떠올랐다. 그 미소는 그 하루를 어떻게든 버텨낼 에너지가 되었다.

---

* '되고 싶은 나'의 적절한 위치는 '지금의 나'보다 약간 위이다.
* 몸의 한계를 실감함으로써 지나치게 큰 '되고 싶은 나'를 조절한다.
* 작은 승리의 가능성을 반복적으로 체험한다.

20
당신을 살리는 힘

이해하고 지지해줄 두 사람

'진짜 고독'을 경험하고, '긍정적인 불안'과 함께 살며 '타자'와의
관계를 유지해왔지만 그래도 '고독과 불안'에 굴복당하지 않기 위
해서는 당신을 지지해줄 최후의 그 무엇이 필요하다.

어중간하게 무너진 공동체는 당신을 지지해주지 않는다. 국가도
회사도 연인도 진정한 의미에서는 당신을 지지해주지 않는다. 국
가는 당신 한 사람을 상대할 시간이 없고, 회사에 있어 당신은 직
원 한 사람에 지나지 않으며, 연인은 사랑이 끝나면 그만이기 때
문이다. 물론 연인이 계속 당신을 지지해준다면 그런 멋진 일은
없다. 하지만 사랑은 언젠가 끝난다는 것을 당신은 알고 있다. 그

러나 당신에게는 어떤 상황도 받아들여줄 수 있는 마지막 인간의 지지가 필요하다.

당신의 어떤 과오도 이해하고 지지해줄 두 사람을 갖는 것이 우선 목표이다.

두 명이어야 하는 이유는, 한 명이면 그 사람의 부담이 너무 커진다는 점과 그 사람이 당신에게 힘이 되어주지 못할 때 당신이 혼란스러워지기 때문이다. 상대방도 인간이기에 당연히 피치 못할 사정이 있을 수 있다. 그런데 그 한 사람뿐이라면 당신은 그 사람을 필요로 해서 그 사람과의 관계를 그르칠 가능성이 있다.

일반적으로 두 명 중 한 명은 가족이 선택되는 일이 많다. 그것도 부부보다 부모 자식 관계인 경우가 많다. 단, 부모가 일방적으로 자식에게 도움을 주거나 반대로 어머니의 상담 상대를 줄곧 딸이 하고 있는 경우라든지 일그러진 관계가 되는 일도 있다. 부부나 연인의 경우도 어느 한 쪽이 일방적으로 의지하는 관계도 있다. 의존하는 관계를 단 한 명만 만드는 것은 그래서 위험하다. 그 사람에게 과도한 부담을 주는 경우가 많고, 그 사람이 건강을 잃거나 세상을 떠난 경우 의존해오던 쪽은 공황 상태에 빠져 회복하지 못하는 일이 벌어지기 때문이다.

의존이 지나쳐도 안 된다. 힘이 되어 주던 사람이 일방적으로 의존만 하는 사람을 미워하게 되기도 한다. 그러므로 어느 한 쪽이 일방적으로 기대는 관계가 되어서는 곤란하다. 그것은 의존이 아니라 서로의 신뢰이어야 한다.

그런 사람이 두 사람이 있다면 당신은 무리에서 멀어져 '고독과 불안'이 수시로 삶에 영향을 미치더라도 살아갈 자신감이 생길 것이다. 물론 연인이나 배우자와 그런 관계를 만들 수 있다면 훌륭하다. 설령 지속되지 않더라도 한때 그런 관계를 맺는 것은 멋진 일이다.

단, 아무리 사랑하는 관계가 되어도 연인이나 배우자 이외에 힘이 되어줄 사람을 한 사람쯤 더 만들어두는 것이 좋다. 그것이 결과적으로 사랑하는 사람과의 관계도 오래 지속해나갈 수 있게 만들어준다. 바람을 피우라는 이야기가 아니다. 누군가 당신을 지지해주고 있다는 것을 실감할 수만 있다면 그것으로 충분하다.

자신에겐 그런 사람이 없다고 생각되면 누군가에게 당신이 먼저 무언가를 선물해보라. 당신이 주체가 되어 선물을 주고받는 인간관계를 만들어보라. 서로 힘이 되어줄 사람을 만날 수 있는 간단한 행동은 다른 어떤 것보다도 선물이다.

작은 승리의 가능성이 있다면

할 수만 있다면 사람 이외에 자신을 지탱해줄 만한 것을 찾아보

라. 언제나 사람에게만 의지하면 관계가 무너지고 만다.

작은 승리의 가능성이 모이면 자신감이 되고 '고독과 불안'에 맞설 수 있다. 사람에 따라 그것은 예를 들면 '아름다운 것' 혹은 '즐거운 것' 혹은 '맛있는 것'인지도 모른다. '아름다운 것'에서 힘을 얻는 사람도 있다.

저녁놀이 너무나 아름다워 살아갈 에너지를 느끼는 일도 있다. '아름다운 것'에 민감한 사람은 죽을 때까지 세상에 있는 아름다운 것을 찾고 그 아름다운 것을 만날 때마다 살아갈 에너지를 얻는다. 그런 사람은 밖으로 나가 적극적으로 '아름다운 것'을 찾는다. '즐거운 것'이 살아갈 용기를 준다는 사람도 있다. 늘 가는 커피숍 주인의 웃는 얼굴을 보면 살아갈 용기가 생긴다는 사람도 있다.

불안이 심해지면 '아름다운 것'이나 '즐거운 것'의 레벨을 높여야만 한다. 나는 '뭔가를 쓰는 것'이 나에게 힘을 준다는 것을 발견했다. 심하게 의기소침할 때는 어디서도 의뢰받지 않은 소설을 쓰기 시작했다. 그때는 잠도 못 잘 정도로 불안에 시달렸는데 소설을 쓰고 있을 때만큼은 마음이 가라앉았다. 그렇게 수십 장쯤 쓴 날 밤에는 저절로 깊은 잠을 잘 수 있었다.

＊ 당신이 의존할 사람이 아니라 당신을 지지해줄 두 사람을 찾는다.
＊ 사람 이외에 힘이 되는 것을 찾는다.

21

혼자 산다는 것

고독과 불안은
나이 들어도 줄지 않는다

나는 와세다 대학에서 6년간 연극 및 인생에 대해 가르쳤다. 매학기가 시작되면 나는 학생들에게 "현재 부모님과 함께 살고 있는 사람 손들어보라."고 물었다. 그때마다 강의를 듣는 상당한 학생들이 손을 들었다. 그것을 보면 나는 그 자리에서 "빨리 집에서 나와 혼자 생활하기 바라네." 하고 명령이 아닌 충고처럼 그들에게 말했다.

개중에는 "왜 집에서 나와야 하나요?" 하고 이상하다는 듯 질문하는 학생들이 있었다. 대부분은 여학생들이었다. 거기에 나는 이렇게 대답했다.

"대학생이나 되어서 부모와 함께 살고 있다가는 자칫 취직 후에도 그대로 지내게 될 테고, 그렇다면 결혼이나 해야 집에서 나오게 될 텐데 그 때는 배우자와 함께 생활할 것 아닌가. 결과적으로 인생에서 한 번도 혼자 생활해보지 못한 채 나이를 먹게 될 것이고, 그것은 결국 한 번도 '고독과 불안'에 맞닥뜨리며 자신의 특별함에 눈떠 보지 않는 인생을 보낸다는 것 아닌가."

나는 가능하면 이야기가 심각해지지 않도록, 그러나 분명하게 전달하고 싶었다.

"그럼 안 되나요?"

질문한 여학생은 곤혹스런 얼굴로 되물었다.

"좋다든가 나쁘다는 게 아니야. 인생에는 절대적인 정답은 없으니까. 단지 나는 젊었을 때 '고독과 불안'을 적극적으로 경험하는 편이 좋다고 생각하네. 젊을 때 고독과 불안에 어느 정도 견딜 수 있게 되면 그 후의 인생을 헤쳐나갈 자신감이 커지니까."

"그것이 혼자 지내는 것과 관계가 있습니까?"

부모와 함께 지내는 다른 학생이 물었다.

"부모와 함께 살면 상상이 잘 안 되겠지만, 독신 생활이란 혼자 쓰는 방으로 들어간다는 거야. 아무도 없는 방에 들어와 직접 불을 켜는 거지. 그것은 고독이라는 거야. 물론 불안도 느끼지. 그것은 혼자 살며 비로소 체험할 수 있는 것이라네. 그리고 그 고독과 불안에 견디고 익숙해지는 것이 인생에는 반드시 필요하다고 생각하는 거지."

"왜요? '고독과 불안' 같은 거 굳이 체험하지 않아도 되잖아요."

또 다른 학생이 물었다.

"인간은 고독과 불안으로부터 벗어날 수는 없다고 나는 생각하네. 살아 있는 한 고독과 불안은 끝나지 않으니까."

"하지만 그렇다고 해도 굳이 혼자 생활하면서 고독과 불안을 경험하지 않아도 되잖아요."

다른 학생이 볼멘소리를 했다.

나는 부드럽게 말했다.

"젊은 시절에 고독과 불안에 견디며 적응해두는 편이 좋다고 하는 이유는, 어른이 되어도 고독과 불안은 늘어나면 늘어났지 줄어들지는 않기 때문이야. 아마도 나이를 먹을수록 고독과 불안은 늘어갈 것이고, 그렇기 때문에 에너지가 있는 젊은 시절에 고독과 불안을 견뎌 익숙해지는 습관, 지나가는 연습, 굴복당하지 않는 연습을 해두는 편이 인생의 지혜라고 생각하네. 간단히 말하자면 '더 많은 고독과 불안이 찾아올 테니까 지금 연습하자'는 거지. 그 편이 어른이 됐을 때 편할 테니까. 비유를 들자면 젊었을 때 운동을 많이 해서 기초 체력을 길러두는 편이 나이를 먹어도 편하다고 하지 않나. 이것도 마찬가지라 생각하네."

이야기를 듣고 있던 학생들은 이쯤에서 믿기 어렵다는 얼굴을 한다. 아마도 모두 '나이를 먹으면 조금은 여유가 생겨 자신이 지금 느끼고 있는 불안과 고독이 줄어들지 않을까' 하고 기대했던 때문이리라.

하지만 그것은 늘기는 해도 줄지는 않는다. 당신이 아직 독신이라면, 그리고 결혼해서 아이를 키우게 된다면 고독과 불안은 점점 더 커진다. 아이가 없더라도 나이가 들면 역시 고독과 불안은 커진다.

여전히 나는 웃으며 이렇게 말했다.

"하지만 고독과 불안을 직시하는 것은 즐거운 일이기도 해. 고독과 불안을 살아내야만 손에 넣을 수 있는 것이 있으니까. 고독과 불안을 제대로 산다는 것은 꽤 흥미로는 일이야."

학생들은 여전히 이해하지 못하겠다는 표정을 지었다. 하지만 누구나의 인생에도 벌어지는 사실들은 꼭 말해주고 싶었다.

1년간의 수업이 끝날 때면 학생들과 함께 종강 회식을 했다. 경우에 따라서는 그때 이 이야기를 더 나눌 수 있는 경우도 있었지만, 그런 대화는 못하고 끝말잇기로 시간이 가는 일도 있었다.

그럴 때 나는 학생 하나하나의 얼굴을 보면서 마음속으로,

"모쪼록 자네들의 인생에서 고독과 불안을 무마하기 위해 '수상

한 종교'나 '육체만을 탐하는 남자'나 '돈만을 따라가는 여자', '점술'이나 '터무니없는 국가론', '가족 간의 집착'이나 '사기에 가까운 돈벌이' 혹은 '길들여진 일꾼을 좋아하는 회사'에 매달리는 일만은 없기를 바라네." 하고 중얼거리곤 했다.

쉽게 위로받지 마라

요즘 너나 할 것 없이 사람들이 매달리는 대상이 인터넷이다. 어느 날, 내 연극을 관람한 한 관객이 '인터넷의 가장 큰 문제점이 무엇인지 고카미 씨는 아십니까?' 하고 연극이 끝난 후 설문지에 쓴 적이 있었다.

'인터넷에 너무 빠져 학교에 안 가게 된다든지, 일이 소홀해진다든지 부부 관계가 붕괴된다든지 하는 것이 아닙니다. 그런 일은 이차적인 일입니다. 가장 문제점은 쉽게 위로받는다는 것입니다.'

이 글을 읽고 나는 깜짝 놀랐다. 그것은 내가 학생들에게 말해주고 싶었던 것과 똑같은 말이었기 때문이다.

쉽게 위로받는다는 것은 단지 응급처치를 받는다는 뜻이다. 근본적인 수술은 하지 않고 진통제를 맞는 것과 같은 일이다. 그런 쉬운 위로를 받으면 이내 다음 위로를 원하게 된다.

진통 효과는 곧 사라지고, 사라지면 다시 주사를 맞고 싶어 인터넷에 빠지는 것이다. 근본적인 수술이란 고독과 불안과 함께 살아가며 그 안에서 자신을 발견하기로 결심하는 일이다.

80퍼센트 가량의 미혼 여성이 부모와 동거 중이라는 통계가 있다. 30대 후반도 60퍼센트가 부모와 함께 지낸다. 부모와 함께 지냄으로써 경제적으로 여유가 생기고 지식을 쌓거나 자격증을 따는 데 사용할 금전적 여유가 생긴다는 메리트는 물론 있다. 하지만 자생력, 이른바 스스로의 힘이 길러지지 않는 마이너스 측면은 그보다 훨씬 많다.

대학이란 '무엇을 할지 모르던 것'을 배우는 장소이다. 선생님이 하는 말을 잘 듣고 대학 입시라는 인생의 목표 아래 할 일이 분명했던 것은 고등학교 때까지다. 대학에 들어가면 우선 목표를 잃어버린다. 누구든 갈피를 잡지 못한다. 취직을 잘 하겠다는 목표로 금방 전환하는 사람도 있지만 대학 입시만큼 이해하기 선명한 목표가 아니다. 그때 무엇을 해야 할지 몰라 대부분의 대학생은 한 번쯤 혼란에 빠진다.

이것이 중요하다. 당혹스러워 어찌할 바를 모르겠어도 매일 살아가는 것이 중요하다. 가볍게 동아리를 통해 위로받거나, 가족과의 대화로 기분을 달래거나, 이런저런 모임을 삶의 보람으로 삼거나, A학점을 따는 것을 목표로 삼지 말고 제대로 망연자실해보는 것이 중요하다. 망연자실하고, 방황하고, 그리고 자신이 하고 싶은 것이 대체 무엇인지 근본적인 곳부터 생각하는 것이 중요하다. 사이비 종교 옴진리교에 빠진 젊은이들이 하나같이 고학력자였던 것은 '무엇을 해야 할지 모르는' 상태에 견디지 못했기 때문이다. 선생님 말씀을 잘 듣던 착한 아이는 대학 입학 후 목표를 잃어버리고 그 상태에 견디지 못하고 있었다. 그러던 차에 명확한 목표를 제시하는 교주가 나타난 것이다. 그런 상황에서 마음이 끌리지 않는 사람은 없다.

그렇다면 왜 꼭 '무엇을 할지 모르는 것'을 배울 필요가 있을까? 당신은 이상하게 생각할 수도 있다. 그것은 인생이 그런 것이기 때문이다.

인생을 살다보면 '무엇을 할지 모르는' 상태를 반드시 경험하게 된다. 회사에서 한창 일하고 있을 때나, 결혼이 순조롭지 않게 되었을 때, 아이가 문제를 일으켰을 때, 퇴직 후 나이가 예순이 되었을 때 등 인생의 어느 순간 틀림없이 '무엇을 해야 할지 모르는' 때가 찾아온다. 예순의 나이에 그런 시기를 맞는 것보다는 스무 살 전후에 경험해두는 편이 낫다고 나는 생각한다. 그 쪽이 더 면역이 생긴다. 얼마든지 시행착오를 할 수 있으니까.

그리고 '무엇을 해야 할지 모르는' 상태는 고독하고 불안하다. 하지만 젊다면 그 어중간하고 불안정한 상태에도 나이가 많이 들었을 때보다 상대적으로 견디기가 수월하다. 그렇기 때문에 고독과 불안도 젊을 때 경험하고 익숙해져 있는 편이 좋다고 생각한다. 나이 예순이 다 되어 비로소 '무엇을 해야 할지 모르는' 상태를 맞이해 고독과 불안을 경험하는 것은 힘겹기도 하고 위험하기도 하다.

떠오르는 아침 해를 보았을 때 몸에 넘치는 에너지를 느낀다면 그것은 당신이 아직 충분히 젊기 때문이다. 에너지는 살아가는 희망이 된다.

고독과 불안을 통해 진정한 나를 만나기 위해서는 반드시 혼자 살아볼 필요가 있다. 그것은 어느 나이대도 아닌, 떠오르는 태양을 보고 에너지를 느낄 수만 있다면 가능한 일이다. 일생 동안 한 번은 반드시 혼자 살아보라.

---

* 인생에서 '무엇을 해야 할지 모르는 상태'는 반드시 찾아온다.

* 젊을 때 '고독과 불안'을 연습하면 삶의 면역이 생긴다.

22

소리 내어 읽어보라

시와 글의 위로

고독과 불안에 끝은 없다. 머리로 그렇다는 것을 알고 있어도 때로는 심한 고통에 짓눌린다. 잠 못 이루는 밤에 이불을 끌어안고 칠흑 같은 천정을 바라보며 자신이 어떻게 될지도 모른다는 생각에 겁이 날 때도 있다. 자신과 타인을 비교해서 자신이 너무나도 한심하게 느껴져 가슴 깊은 곳에서 비명을 지르는 일도 있다. 그래도 살아갈 수밖에 없다. 진짜 고독과 긍정적인 불안을 벗 삼아.

당신에게는 기회 있을 때마다 애창하는 시나 글이 있는가? 괴로워서 견디기 힘들 때 시나 글을 소리 내어 읽는 것은 의외로 도움이 된다. 눈으로만 읽는 것이 아니다. 소리를 냄으로써 글은 몸으로 들어오고, 그 글은 당신의 마음에 와 닿는다. 마음에 닿아야 당신의 글이 되는 것이다.

내게 도움이 되었던 시와 하이쿠를 몇 가지 소개하겠다. 여기 소개된 작품이 아니어도 당신이 마음에 드는 시나 노래, 글을 꼭 소리 내어 읽어보기 바란다. 나는 이들 작품을 소리 내어 읽으며 에너지와 용기를 얻었다.

나의 두 팔을 활짝 펼쳐도

하늘을 조금도 날 수 없지만

하늘을 나는 작은 새는 나처럼

땅 위를 빨리는 달리지 못해

내가 몸을 흔들어도

고운 소리는 나지 않지만

저 지저귀는 방울새는 나처럼

많은 노래는 알지 못해

방울새와 작은 새, 그리고 나

모두 달라서 모두가 좋아

정말 마음에 사무치는 작품이라고 생각한다. 이 글을 소리 내어 읽으면 작가의 기도와 비명과 희망이 느껴진다. 그리고 나는 살아가려 한다.

다음은 방랑 시인 산토카가 쓴 한 줄의 명작이다.

헤치고 들어가도 헤치고 들어가도 푸른 산

산토카가 마흔다섯에 쓴 작품이다. 탁발승으로 떠도는 방랑 여행에서 지은 것이다. 초여름 홀로 산길을 걷고 있는 작가의 모습이 떠오른다. 혼자 정처 없는 여행을 할 때 떠오르는 한 줄짜리 시다. 한 줄짜리 명작 몇 가지를 더 보자.

이 여행, 끝도 없는 여행의 아기매미

술 취해 귀뚜라미와 잠들었네

문득 눈 떠보니 눈물이 흘러 있었네

푸른 풀 위에 누우니 푸른 하늘이 있네

모두 사람의 인생은 여행이라고 느끼는 한 줄의 하이쿠들이다. 일행시라고 해도 좋을 것이다.

다음은 12세기 스콜라 신학자 생 빅토르 위고의 글이다.

조국이 감미롭다고 생각하는 사람은 아직도 섬약한 사람에 지나지 않는다.

모든 땅이 조국이라고 생각하는 사람은 이미 강건한 사람이다.

그러나 온 세상이 유배지라고 생각하는 사람은 완전한 사람이다.

섬약이란 약하다는 뜻이다. 유배란 죄로 인해 멀리 보내지는 것을 말한다. 이상하게 생각할지 모르지만 나는 이 글로 살아갈 용기를 얻었다. 다음은 현대시의 최고봉 다니카와 슌타로의 시다.

죽기 전에 할아버지가 한 말

나는 먹다 만 사과를 남기고 죽어간다

남길 말은 아무것도 없다

좋은 일은 계속될 것이고

나쁜 일은 사라지지 않을 테니

나에게는 읊조리는 노래가 있었고

녹슨 쇠망치도 있었기에
더 바랄 것 없다

내 가장 좋아하는 사람에게
전해 다오
나는 오래 전 당신을 좋아하게 되었고
지금도 좋아한다고
저 세상에서 딸 수 있는
가장 아름다운 꽃을
당신에게 바친다고

소리 내어 읽어보면 훨씬 멋진 시다. 바다와 먼 산을 향해, 혹은
푸른 하늘을 향해 읊을 시가 있다는 것은 정말 멋진 일이다. 다니
카와 슌타로의 시 중에는 힘이 되는 시가 많다.
다음은 1969년에 학생들이 농성을 벌였던 도쿄 대학 야스다 강당
에 쓰여 있던 유명한 낙서이다.

연대를 구하여 고립을 두려워하지 않으며
힘 미치지 못하여 쓰러지는 것은 개의치 않으나
힘 다하지 않고 쓰러지는 것은 거부하노라

또 하나.

너 또한 기억하라
지푸라기처럼이 아닌
떨며 죽는 것이다
1월은 이리도 춥건만
오직 무관심으로 통과를 도모하는 자를
내가 용서치 않으리

왜 농성을 했는지 도쿄 대학 야스다 강당이란 무엇인지 알고 싶은 독자는 시마 타이조의 〈야스다 강당安田講堂〉이라는 책을 참조하기 바란다.

끝으로 내가 쓴 것을 소개하기는 부끄럽지만 스스로 자신이 쓴 글에서 힘을 얻었기에 소개하겠다. 내가 스물두 살 때 극단 창단을 위해 쓴 희곡 '아침 해 같은 저녁 해를 데리고'의 서두에 있는 '시 같은 것'이다.

아침 해 같은 저녁 해를 데리고
나는 서 있다
서로 붙잡지도 않고

서로 멀어지지도 않고

반짝이는 항성처럼

서 있는 것은 고통스러우니까

서 있는 것은 즐거우니까

아침 해 같은 저녁 해를 데리고

나는 혼자다

혼자서는 견디지 못하니까

혼자서는 아무것도 못하니까

혼자라는 것을 받아들이는 것은

많은 사람들과 손잡는 것이니까

많은 사람들과 손잡는 것은

너무 슬픈 일이니까

아침 해 같은 저녁 해를 데리고

겨울 하늘의 유성처럼

나는 혼자다

나에게 힘이 되는 글을 몇 가지 소개해보았다. 이 중 몇 가지가 당신에게도 힘이 된다면 정말 기쁘겠다. 부디 당신에게 힘이 되는 글을 많이 발견하길 바란다. 그리고 소리 내어 읽어보기 바란다. 당신이 '진짜 고독'과 '긍정적인 불안'을 벗 삼아 부디 살아갈 수 있기를. '고독'이 깊고, '불안'이 강할수록 멋지게 살아갈 수 있기를. 그리고 죽지 말기를.

점점 더 '사람'과의 커뮤니케이션이 서툰 사람이 많아지는 것 같다. 이유는 스마트폰이나 휴대용 컴퓨터의 증가로 인터넷이 더 친근해졌기 때문이 아닐까 생각한다. 혼자 점심을 먹으면서도 일단 스마트폰을 만지작거리고 있으면 고독하지 않다고 느끼는 사람들이 많다. 어쩌면 '혼자는 비참하다'는 편견을 가진 사람보다 '혼자가 되고 싶다, 다른 사람과 함께 점심을 먹는 건 성가시다'고 생각하는 사람들이 많아진 건지도 모른다.

하지만 '혼자서 스마트폰을 만지작거리며 하는 식사'가 '가짜 고독'임은 이 책에 쓴 대로이다. 그렇게 혼자가 되는 것을 선택해도 결국 인간은 '사람'을 원하게 된다. 인터넷상의 상대만으로는 부족하다는 것은 나도 당신도 아는 사실이다. 인터넷이 제공해주는 '가짜 고독'에 만족하지 않게 되면 '고독과 불안의 레슨'을 시작할 수밖에 없다.

당신이 정말 숨이 막히고, 어중간하게 무너진 공동체사회를 살아가는 것이 고통스럽다면 과감히 자신의 나라를 떠나는 방법도 있다고 나는 덧붙여 말하고 싶다.

일본은 놀랍도록 편리하지만 놀랍도록 숨 막히는 나라이다. 편리함은 틀림없이 세계 최고이다. 뉴욕이나 런던도 편의점의 구색으로 보면 일본 정도는 아니다. 택배가 몇 번이고 그것도 시간에 맞춰 다시 배송해주는 나라도 없다. 세계 어느 도시를 보아도 지하철이 매일 같은 장소에 불과 몇 센티미터의 오차로, 같은 시간에 불과 몇 초의 오차로 정차하는 곳은 없다.

이런 편리함 뒤에는 숨 막힘이 있다.

나는 란도셀(일본 초등학생 가방)과 신입 사원용 슈트가 없어지지 않는 한, 이 나라는 변하지 않겠구나 하는 생각을 한다. 초등학교 입학 때 부모들은 누구 하나 반대하는 사람 없이 일제히 란도셀을 구입한다. 그리고 아이들은 아무 의심 없이 그 가방을 맨다.

누가 정한 것도 아니다. 그래도 그것을 따라야 한다. 거부하는 것은 문화적으로나 전통적으로나 습관적으로나 지역적으로나 허용되지 않는 일일 것이다. 만일 한 부모가 란도셀을 사주지 않고 명품, 혹은 싸구려 토트백을 아이에게 들려 보낸다면 그 아이는 분명 따돌림을 당할 것이다. 학교 측도 어떻게 대응해야 할지 고심할 것이다.

개성이 중요하다고, 개개인의 가능성을 키우는 것이 교육이라고 아무리 그럴싸한 말을 해도, 1학년 학생 전원이 무조건 란도셀을 메는 나라이다. 대체 무엇이 개성이고 무엇이 다양성인가 하고 나는 솔직히 화가 난다.

너무 과장되다고 생각하는가?

란도셀의 성인판이 신입 사원용 슈트라고 생각한다. 둘 다 앞으로 소속될 '공동체사회'에 대해 '저는 그 규칙에 따르겠습니다. 나의 개성보다 지금까지의 관습을 중시하겠습니다.'라는 무언의 선언이다.

란도셀의 경우 의문을 갖는 아이는 좀처럼 없을지도 모른다. 하지만 신입 사원용 슈트의 경우는 대부분의 학생이 내심 반발하고 있을 것이다. 볼품없다든지 촌스럽다든지 말이다. 반발하지 않는 학생은 정신 연령적으로 문제라는 생각이 든다.

그러나 아무도 거부하지 않는다. 그리고 비극적이게도 채용하는 기업 측에서도 '이 차림에 구애받을 필요는 없는데.'라고 생각하고 있을 것이다. 인사 및 채용 담당자들이 신입 사원용 슈트의 열성팬이어서 "와우! 신입 사원용 슈트는 정말 심플하고 멋져. 기분 좋아." 하고 극찬할 리는 없다.

아무도 적극적으로 권하지 않음에도 불구하고 매년 취직 시즌에는 신입 사원용 슈트라는 단일 유니폼을 입은 젊은이들이 거리에 넘쳐난다. 무엇이 개성일까? 무엇이 문화적 다양성일까?

어려운 말로는 이것을 '동조압력同調圧力'이라고 한다. '같은 일을 해라', '하나가 되자'라는 문화적·지역적·정치적 압력이다. 알다시피 일본은 동조압력이 대단히 강한 나라이다. 여기에 '낮은 자존의식'이 한 세트로 따라온다.

'자존의식'이란 '나는 세상에 하나뿐인 존재'라든지 '나는 매우 소중한 존재'라는 '자신을 스스로 소중히 여기는 의식'을 말한다. 그 반대가, '난 어차피 바보니까' 라든지 '나 같은 건 어떻게 돼도 상관없는 인간이니까' 혹은 '난 내가 하는 말이나 행동에 전혀 자신이 없어' 하고 '자신을 스스로 비하하는 의식'이다.

일본인은 '자존의식'이 아주 낮기로 유명하다. 그것은 이 나라의 시스템과 밀접한 관계가 있다. 이 나라에서 자라 이 나라에서 교육을 받으면 그렇게 될 가능성이 높다는 것이다. 그렇기 때문에 이 나라 안에서 무기력하게 시달릴 바에는 과감히 밖으로 나가는 편이 낫다는 것이다.

당신은 '동조압력'에서 해방될 것이고, '자존의식'을 낮추고 있을 만한 상황이 아닌 생활에 뛰어들게 된다. 그것은 물론 장밋빛 생활은 아니다. 괴롭고 고통스럽고 다른 언어 속에서 시달리는 힘든 생활이다. 하지만 아마도 고생의 보람이 있는 만족스러운 생활이 될 것이다.

부모의 안색을 살피고 친구들이 전하는 소문을 두려워하고 자기혐오에 빠졌던 사람이 변화되어 안정을 되찾고 자기 자신과 당당히 마주할 수 있게 될 것이다.

나는 그렇게 해외에서 마치 딴사람이 된 것처럼 생기가 넘치는 사람을 여러 명 만났다. 문제는 해외에서 취직을 하지 않는 한, 몇 년쯤 지나 일본으로 다시 돌아와야 한다는 것이다. 그때 해외에서 더없이 자유롭고 편하게 지내던 사람이 다시 일본으로 돌아오면 '동조압력'에 시달리고 '자존의식'이 낮아진다.

일본에 돌아와서도 해외에서 지내던 것처럼 남의 눈을 의식하지 않는, 세간의 이목과 분위기를 지나치게 두려워하지 않는 생활이 가능하다면 정말 행복할 텐데 말이다. 하지만 만일 과거의 자신으로 돌아간다 해도 '해외에서 나답게 지냈다'는 기억이 그 사람을 지탱할 것이라고 생각한다. 그리고 일본에서도 그렇게 지내고 싶다는 에너지와 의욕을 일으킬 것이다.

이 책을 쓰고 나서 '어중간하게 무너진 공동체사회'에 대해 더 알아보기 위해 '분위기와 세간의 이목'^{원제:空気と世間}이라는 책을 썼다. '분위기란 유동화한 공동체사회다'라는 근본적인 인식을 토대로 이 나라의 '세간의 이목', '분위기', '사회'에 대해 그리고 어떻게 살아가야 할지에 대해 썼다. 이 책은 열군데 이상의 사립 중학교 입시문제로 발췌되어 출제된 걸 알고 깜짝 놀랐다. 중학생에게는 조금 어려운 책이지만 더 깊이 이 사회의 시스템을 알고 싶다면 추천한다.

그리고 고맙게도 당신이 지금 펼쳐 읽고 있는 이 책 〈무리 속엔 당신이 원하는 삶이 없다〉는 정말 많은 독자들에게 호응을 얻었다. 이 책이 당신의 고독과 불안의 고통을 조금이나마 완화시킬 수 있다면 나는 무척 행복할 것 같다.

내가 하고 싶은 말은 언제나 같다.

죽지 말기를.

죽을 바에는 산속으로든 시골로든 해외로든 도망치고 도망치고 또 도망치기를.

계속 도망치다 보면 결국 '고독과 불안'을 마주할 힘이 생길 거라고 나는 믿는다. 그리고 이후에 또 다시 상처받고 죽고 싶어지면 또 도망치면 된다. 중요한 것은 단 하나, 당신의 삶이 모든 것이라는 사실이다.

고카미 쇼지